*Os domínios do mistério
prometem
as mais belas experiências.*

Einstein

COLECÇÃO ESFINGE

1 — HISTÓRIA DA ASTROLOGIA, por Serge Hutin
2 — OS EXTRATERRESTRES NA HISTÓRIA, por Jacques Bergier
3 — O OURO DOS ALQUIMISTAS, por Jacques Sadou
4 — O MISTÉRIO DAS CATEDRAIS, por Fulcanelli
5/6 — HISTÓRIA DA MAGIA, por Kurt Seligman
7 — O LIVRO DOS MUNDOS DA SOBREVIVÊNCIA, por Robert Charroux
8 — OS ENIGMAS DA SOBREVIVÊNCIA, por Jacques Alexander
9 — O OCULTISMO, por Papus
10 — OS DOMÍNIOS DA PARAPSICOLOGIA, por H. Larcher e P. Ravignant
11 — STONEHENGE, por Fernannd Neil
12 — ESTAMOS SÓS NO COSMOS? por A. Pontmann, J. Illies e outros
13 — ARQUIVOS SECRETOS DA FEITICEIRA E DA MAGIA NEGRA, por François Ribadeau Dumas
14 — TRATADO DA PEDRA FILOSOFAL, seguido de O PILOTO DA ONDA VIVA, por Lambsprink e M. Eyquem du Martineau
15 — AS MANSÕS FILOSOFAIS, por Fulcanelli
16 — O GRANDE E O PEQUENO ALBERTO
17 — OS 13 PANTÁCULOS DA FELICIDADE, por Kersaint
18 — MANUAL PRÁTICO DE ASTROLOGIA, por Joelle de Gravelaine
19 — CARTAS E DESTINO, por Hadès
20 — A ARQUELOGIA MISTERIOSA, por Michel-Claude Touchard
21 — OS GRANDES LIVROS MISTERIOSOS, por Guy Betchel
22 — SETE, O NÚMERO DA CRIAÇÃO, por Desmond Varley
23 — AS MEDICINAS TRADICIONAIS SAGRADAS, por Claudine Brellet-Tueff
24 — A CIÊNCIA PERANTE O DESCONHECIDO, por F. L. Boschke
25 — A CHAVE DA TEOSOFIA, por H. P. Blavatsky
26 — A TRADIÇÃO HERMÉTICA, por Julius Evola
27 — TRATADO DA REINTEGRAÇÃO DOS SERES, por Martinets de Pasquallys
28 — A CABALA E A TRADIÇÃO JUDAICA, por R. de Tryon-Montalembert e K. Hruby
29 — OS ROSA-CRUZ, por J.-P. Bayard e P. Montloin
30 — A MAGIA DOS NÚMEROS, por Jorg Sabellicus
31 — A HISTÓRIA DA PARAPSICOLOGIA, por Massimo Inardi
32 — A TELEPATIA, por Vicenzo Nestler
33 — A LEVITAÇÃO, por Anna Maria Turi
35 — OS CÁTAROS, por René Nelli
36 — O ESPIRITISMO, por Jaques Lantier
37 — ALQUIMIA E OCULTISMO, por Hermes, Paracelso e outros
38 — INICIAÇÃO À ASTROLOGIA, por Leonardo Oliveira
39 — O SUFISMO, por William Stoddart
40 — CIVILIZAÇÕES SUPERIORES DA ANTIGUIDADE
41 — OS GRANDES ENIGMAS DA ARQUEOLOGIA, vários
42 — AS PEDRAS E A ESCRITA, vários
43 — O SIMBOLISMO DO TEMPLO CRISTÃO, por Jean Hani
44 — A CIÊNCIA DOS SIMBOLOS, por René Alleau
45 — AS CIVILIZAÇÕES DO MISTÉRIO, por Sabatino Moscati
46 — O REI DO MUNDO, por Renà Guenon
47 — NOS CONFINS DO MUNDO, C. Finzi
48 — HISTÓRIA DA FILOSOFIA OCULTA, por Alexandrian
49 — O SEXO, OS ASTROS E NÓS, por Huguette Hirsig
50 — DEUSES DO PASSADO, ASTRONAUTAS DO FUTURO, por Erich von Däniken
51 — GUIA ASTROLÓGICO DA VIDA QUOTIDIANA, por Ariette Dugas e Sylvie Bar-Bennet
52 — MANUAL DOS HORÓSCOPOS CHINESES, por Theodora Lau
53 — LIVRO DOS AMULETOS E TALISMÃS, por Jo Logan
54 — O PEQUENO LIVRO SOBRE A ARTE, por Caspar Hartung von Hoff
55 — HITLER E O NAZISMO MÁGICO, por Georgio Galli
56 — AS ARTES ADIVINHATÓRIAS, por Papus
57 — GUIA COMPLETO DE NUMEROLOGIA, por Philippe de Louvigny
58 — ADIVINHAÇÃO: QUIROMANCIA – I CHING, por Catherine Aubier
59 — ADIVINHAÇÃO: QUIROLOGIA - NUMEROLOGIA - CARTOMANCIA, por Catherine Aubier
60 — O UNIVERSO DA ASTROLOGIA, por Hadès

O UNIVERSO
DA ASTROLOGIA

Título original: *L'Univers de L'Astrologie*

© Editions Hadès, S.A., Genève

Tradução de Joaquim Alberto Ferreira Gomes

Capa de Edições 70

Depósito legal n.º 114716/97

ISBN: 972-44-0948-1

Direitos reservados por Edições 70, Lda.

EDIÇÕES 70, Lda.
Rua Luciano Cordeiro, 123-2º Esq. – 1050 Lisboa - Portugal
Telefs.: (01) 315 87 52 / (01) 315 87 53
Fax: (01) 315 84 29

Esta obra está protegida pela Lei. Não pode ser reproduzida,
no todo ou em parte, qualquer que seja o modo utilizado,
incluindo fotocópia e xerocópia, sem prévia autorização do Editor.
Qualquer transgressão à Lei dos Direitos de Autor será passível
de procedimento judicial.

HADÈS

O UNIVERSO DA ASTROLOGIA

*«Não compreendo porque é que
os homens que crêem nos electrões
se consideram menos crédulos que os que crêem
nos anjos.»*
Bernard Shaw

«Satanás é o guia
para quem não tem guia espiritual.»

Bâyarzîd

PREFÁCIO

Treze anos após a sua primeira publicação e um grande sucesso, eis que reaparece *O Universo da Astrologia*, a pedido de novos leitores. O que oferece este livro ao leitor?

O leitor debruçar-se-á sobretudo sobre si mesmo, sobre um microcosmos, uma ínfima fracção do Universo, na qual se reflectem todas as leis do conjunto e a visão do Todo. Ao analisarmos a nossa própria carta astrológica, ou as dos nossos familiares e amigos, verifica-se que cada ser reflecte desequilíbrios parciais, cuja conjugação funciona como uma programação a favor de uma criação, isto é de um nascimento, de um equilíbrio total. Do primeiro ao último sopro, aquém e além, fazemos parte de um conjunto, parte de um Todo, por uma série indefinida de estados do ser.

O círculo do Zodíaco mostra que não existe ego estável e pessoal, um «eu» verdadeiro. Procuramos a nossa identidade própria na postura de um ser que, com o rosto negro de poeira, procura o seu rosto original mais fora do que dentro de si. Procuramo-lo de noite, de dia, na Europa ou na China, em viagem ou em repouso, junto de diversos «mestres». Mas basta-nos limpar este rosto, que não é de modo algum distinto do dos outros seres. Desejam a imortalidade? Ela está em vós. É dada a todos, assassinos ou inocentes, vendedores ou compradores, crianças ou velhos, homens saudáveis ou agonizantes. Quer dizer que a imortalidade não diz respeito às posses nem ao corpo físico. Na realidade, não existe «possuidor nem coisa possuída». Nada se cria fora do Espírito Único, que não pode morrer pois não nasceu. Tudo o resto consiste nesta poeira negra de que falávamos acima e que camufla o nosso rosto original. Poeira: as paixões, os lamentos e os queixumes. Poeira: as bandeiras, os trompetes e os sons que acabam por se apagar e que formam um *karma*, o nosso *karma*.

Aqui está um dos ensinamentos da astrologia: os nossos actos subjugam-nos, criam um *karma*, uma dependência. Formam uma prisão, um novo estado do ser do qual só poderemos escapar se submetermos o desejo e o pulverizarmos. Como?

Tradicionalmente, nada é superior ao Conhecimento, que não é uma hipótese científica, depressa desmentida por outra hipótese; não é o conhecimento proveniente dos sentidos ou um desejo, mas a consciência da harmonia do Universo, do facto de que tudo se liga entre si. Além dos desequilíbrios que nos magoam e nos fazem sofrer — pois, façamos o que fizermos, o nosso desejo nunca será satisfeito —, existe a tomada de consciência do facto de que estamos ligados aos outros. Não podemos salvar-nos **sozinhos**, não podemos ser felizes **sozinhos**. Na prática, qualquer libertação efectua-se por uma revelação, possível através:

1 – de um culto à divindade que escolhemos de livre vontade;

2 – pelo estudo de textos sagrados, Vedas, Evangelhos, Corão, etc., e das escrituras sobre as quais se fundamenta uma religião tradicional: Budismo, Judaísmo, Catolicismo, Islamismo, Bramanismo. Excluem-se os desvios e as seitas, que não respeitam uma cadeia tradicional de filiação do fundador até nós;

3 – pela meditação em companhia de um guru (na carta astral de cada um, o guru é representado e simbolizado pela casa IX, o Sagitário e o planeta Júpiter [*gu-ru*: aquele que dissipa as trevas]);

4 – pela fé;

5 – pela repetição (*japa*) de um ou vários mantras, os quais devem ser concedidos de modo legítimo: no Budismo tibetano, por exemplo, devem ser conferidos por um lama (mestre), que os recita e outorga o *lung*, a autorização oral;

6 - pela renúncia (Saturno) que leva ao ioga (união = Vénus).

Na astrologia, Vénus representa a palavra e Saturno o silêncio. Chegámos, pois, em definitivo, à palavra do Tao: «*Aquele que fala, não sabe. Aquele que sabe, não fala*». Mais propriamente, aquele que sabe só fala por símbolos. Daqui resulta esta imensa ciência sagrada que é a astrologia. Porquê «sagrada»? Porque é capaz de nos transformar.

Na verdade, no mundo moderno existem muitas e poucas coisas capazes de nos modificar.

Por exemplo, se formos ver um filme de terror, semearemos no nosso espírito germes que um dia, se se associarem a outros germes, se reunirão numa tendência. Em qualquer altura, neste mundo ou no outro, esta tendência actualizar-se-á pelos sentidos, por uma procura. Como os sentidos são os órgãos do conhecimento, mas também do sofrimento, o que chamamos de «pecado» – mais exactamente uma tendência – depende dos nossos sentidos, do nosso desejo, que precisamos de controlar.

No fim do nosso ciclo, deste nosso mundo que é o da degenerescência, poucas coisas são capazes de nos modificar e de nos desviar. Encontramos inimigos nesta mudança: primeiro os nossos desejos conscientes ou inconscientes; depois os pseudomestres, que possuem os mesmos poderes que os verdadeiros mestres e que, em vez de se servirem deles para nos elevarem, fazem-nos descer aos infernos, a um lugar de escravidão onde os nossos desejos – e os deles – pululam como serpentes.

Em compensação, poucas coisas nos transformam: a caridade, a ajuda desinteressada, o dom, o conhecimento metafísico (o conhecimento astrológico representa o terceiro olho, o de Shiva, que serve para nos relembrar que os olhos da carne só vêem o aspecto da *maya*, a ilusão, que nos sobrecarrega com um *karma*).

Não podemos tornar-nos no que sempre fomos — a ilusão apenas existe enquanto coisa exterior, palpável, concreta, incrustada e enraizada na Realidade. Só existe por causa do nosso modo dualista de pensar (Mercúrio). Podemos, no entanto, tornar-nos intuitivamente conscientes do nosso estado original, até aí escondido pelas nuvens da *maya*, a ilusão.

Nesse sentido, o mestre zen Huang-Po recomenda-nos:

«Que a vossa mente seja vazia como o espaço, semelhante a um fragmento de madeira ou de pedra, semelhante a cinzas frias e a um carvão calcinado. A mente é perfeitamente pura desde o começo e sobre isto não é necessária qualquer discussão verbal. Limitem-se a não ter qualquer espécie de mente e isso é o que se chama conhecimento puro.

No decurso da vossa vida quotidiana, quer caminheis quer resteis imóveis, quer estejais sentados ou deitados, não permitais que o vosso discurso se vincule às coisas deste mundo. Assim, quaisquer que sejam as palavras que pronuncieis, qualquer que seja a maneira como os vossos olhos pestanejem, tudo em vós derivará do conhecimento puro.»

O tempo sem começo e o momento presente são idênticos. A iluminação instantânea e perfeita (Úrano) acontecerá quando compreendermos totalmente esta verdade tradicional.

Na astrologia, Úrano é o mestre do signo do Aquário. Saturno é o seu segundo mestre e representa o tempo. Úrano é também o significador geral do espaço. Necessitamos de um espaço para que a nossa liberdade seja real. Úrano rege os vasos sanguíneos do corpo. Quando falamos de «nave espacial»*, referimo-nos a algo regido por Úrano. Mas não são estas «naves espaciais» que nos levarão à Lua ou que nos darão a verdadeira liberdade. Na Lua encontraremos o mesmo que no nosso planeta: nascimento, dor, desejo e morte ou renascimento para um novo estado do ser. Úrano simboliza o despertar. Devemos passar pelo despertar para aceder à verdadeira liberdade. Este despertar é imediato e fulgurante. Acontece. E se aumenta a nossa liberdade, também respeita a dos outros. Ou melhor: permite-nos conceder-lhes a liberdade. Trata-se de um despertar interior.

Ao multiplicarmos o desejo, forçosamente entramos em conflito com o dos outros. Daí o estado de guerra, que deve ser

---

* Em francês, *vaisseau* significa «vaso sanguíneo» e, figurativamente, «nave espacial» (N. do T.).

substituído pela paz e pela aniquilação do nosso próprio desejo. O tempo (Saturno, o segundo mestre de Aquário) pode, pois, tornar-se nosso aliado ou nosso inimigo. O mesmo se passa com todos os planetas, que representam forças, tanto à escala do Cosmos como à nossa. Porquê esta fragilidade do tempo, terrífico mestre que faz envelhecer, faz aproximar a morte e condena irremediavelmente os sentidos e os desejos? Para o explicar, um pensador contemporâneo pautou-se pelos ensinamentos tradicionais do Hinduísmo:

«Nem o mundo nem a experiência humana participam do Ser absoluto. O mundo físico e a nossa experiência humana são constituídos pelo devir universal, pela temporalidade; são, portanto, ilusórios, criados e destruídos pelo Tempo. Mas tal não quer dizer que não existam ou que sejam uma criação da minha imaginação. O mundo não é uma miragem ou uma ilusão... O mundo físico, a minha experiência vital e psíquica existem, mas existem unicamente no Tempo, o que no pensamento indiano significa que já não existirão amanhã ou dentro de cem milhões de anos: por conseguinte, julgados à escala do Ser absoluto, são ilusórios este mundo e com ele toda a experiência dependente da temporalidade.»

Mircea Éliade

Aqueles que abordarem *O Universo da Astrologia* encontrarão nele um primeiro olhar sobre a astrologia, ciência que permite ir além do trivial e que permite a transformação. Ora, este conhecimento prostituiu-se neste final de ciclo. São inumeráveis os livros de astrologia, livros sobre uma pseudo-reincarnação, escritos por pessoas incapazes de interpretar uma carta astral, livros que orientam para o obscuro (a pseudopsicologia «das profundezas»), para «o poço do abismo». Nietzsche advertia já, em 1888: *«Cada um se crê no direito de abordar todos os problemas...»*

Se a astrologia possui uma força, podemos servir-nos dela para o bem e para o mal. E a astrologia possui todas as forças do Cosmos, que se encontram em nós. Na nossa carta astral, todos temos o Sol, a criação e o amor; a Lua, a alimentação e a fecundidade; Mercúrio, o movimento; Vénus, o equilíbrio, a voz — o papel da voz será ordenar um novo equilíbrio, o que, particularmente no esoterismo, é o papel da prece; Marte, os músculos, a acção — a acção faz-se pelos músculos; Júpiter, o conhecimento, o guia — o papel do conhecimento é guiar os outros; Saturno, a suspensão, a elevação (só nos elevamos verdadeiramente se pararmos); Úrano, o despertar; Neptuno, a fé, o afastamento ou a aproximação, os pés — os pés aproximam-nos ou afastam-nos de um santuário, logo de Deus, pela peregrinação, por exemplo; Plutão, a morte, mas também a ressurreição.

No nosso segundo livro consagrado a Plutão (*Novas Perspectivas sobre o Planeta Plutão*) anunciámos que o trânsito (a passagem de um astro) de Plutão por Escorpião aumentaria a corrupção e depois a poluição. Escrevemos isso no momento em que uma conjunção Lua/Plutão em Escorpião, oposta a Sol/Touro, provocou uma fusão no núcleo de um reactor na Ucrânia soviética. Não podemos deixar de ver nisso a própria imagem de Shiva, o senhor «do fogo do fim», através do qual os hindus nos declaram que tudo o que morre está destinado a renascer e que tudo o que se degrada será curado e restaurado na sua integridade perdida. Acrescentam eles ainda que este poder de destruição incarnado por Shiva (Plutão no nosso horóscopo) é benéfico. Só o pode ser, mesmo se as suas manifestações são terríficas. É destruído o que é mau ou o que nisso se tornou na sequência de um erro ou de uma violação do *dharma*, a lei universal de equilíbrio à qual ninguém (nem nós) escapa. Na carta astral de cada um de nós, Plutão é o representante desta justiça imanente [1].

Ireis, portanto, descobrir tudo na vossa carta astral, o visível (através dos sete planetas tradicionais, correspondentes aos sete dias da semana) e o invisível (através de Úrano, Neptuno e Plutão). O meu conselho? Tal como nas visualizações da

---

[1] Daí que ele simbolize igualmente os instrumentos desta justiça, o poder de dar a morte – ou a iniciação.

divindade que os budistas tibetanos aconselham nas suas meditações (visualizar a divindade a pairar por cima da nossa cabeça, imaginar um néctar branco vertendo-se do seu coração e atravessando o nosso próprio corpo, iluminando-nos e purificando-nos), pensem que todos estes planetas presentes na vossa carta astral, logo em vós, constroem correntes de oportunidades e de força e uma graça sem preço, colocadas à vossa disposição pelo Único que vos criou.

Despertem-nas!

Por isso, este livro, que se propõe iniciar-vos no prodigioso mundo da astrologia, não será apenas palavras, como tudo o que até aqui encontrastes na vossa vida, mas igualmente uma oportunidade de mudança e uma graça.

Hadès
7 de Maio de 1986. La Rochelle

Primeira Parte

INTRODUÇÃO À ASTROLOGIA

«...mesmo no nosso sono
A Curiosidade atormenta-nos e engana-nos,
Como um Anjo cruel que fustiga os sóis.»

Baudelaire

1

A astrologia, reflexo da vida e do Universo

> «*O impossível transparece através do óbvio.*
> *É o momento feito sol, é o astro feito átomo;*
> *É tanta a realidade que tudo se torna em fantasma;*
> *Todo um universo espectral bruscamente visível;*
> *Mundos por cima de mundos; limitados uns pelos outros.*
> *Restam esferas, fixas; outros imitam*
> *a alegria de transeuntes desconhecidos,*
> *E partem... .*»
>
> Victor Hugo, A Lenda dos Séculos
> («Entre Gigantes e Deuses»)

A astrologia é o conjunto das afinidades que, pelas leis da analogia, ligam o infinitamente grande e o infinitamente pequeno ao Cosmos.

Como se sabe, Cosmos significa «ordem». Nascemos nesta ordem que, actualmente[1], não é mais do que a soma de todas as desordens parciais. Nascemos graças a ela e morremos nos limites do tempo e do espaço que nos destinou. Mas o nascimento e a morte não são diferentes, não sendo esta mais do que um «renascimento».

---

[1] O homem cósmico está ligado ao indivíduo. Do mesmo modo que este nasce, cresce e conhece uma maturidade e uma decrepitude, também o Universo passa por diferentes fases cíclicas. Vivemos actualmente o final de uma era, que deverá desembocar numa nova ressurreição.

Se o importante é escapar às determinações ditadas pelo Cosmos, antes de mais é necessário conhecê-las.

Como conjunto das relações existentes entre o sujeito e o objecto, entre o eu e as diferentes determinações do mundo sensível, o conhecimento é-nos possível através dos nossos cinco sentidos, que correspondem aos cinco planetas tradicionais – Mercúrio, Vénus, Marte, Júpiter e Saturno –, aos quais se juntam os luminares: o Sol, vida; a Lua, incarnação e eclipse desta vida. Quando morremos, reentramos no seio do Cosmos, no seio do ilimitado, e abandonamos estas faculdades limitadas pela matéria que lhes forneceu o suporte e a vida. Porque é que, chegados enfim à imensidade, teríamos necessidade do que era limitado e que só nos serviu de limite para o desabrochar e declínio das nossas forças individuais?

O conhecimento permite definir qualquer relação e possibilita igualmente libertarmo-nos disso. Tudo o que podemos definir destina-se a desempenhar um papel activo na nossa vida. Do mesmo modo, qualquer coisa indefinida desem-penha um papel que, por definição, substitui a nossa vontade própria.

Eis a razão por que devemos, antes de tudo, distinguir aqui duas formas de conhecimento, uma das quais é exercida através do canal dos nossos sentidos, sendo a matéria o seu domínio. Podemos medi-lo, pesá-lo, reproduzi-lo: é o «conhecimento científico». Mais exactamente, imaginamos que é o único que existe; a maior parte de nós crê somente na matéria e assim apenas podemos definir uma mística que nos pertence, condicionada e limitada por ela – uma ciência materialista, portanto.

Este conhecimento é hoje tão reverenciado quanto Deus, tendo-O até substituído. «*Como suportarei eu também*», escreveu Nietzsche, «*não ser Deus?*» O rosto de estátua que este conhecimento ergue todos os dias perde-se nos céus e enfrenta a trovoada.

Goethe referiu-se displicentemente a esta forma de conhecimento acabado de nascer e que tudo queria anexar:

«*Reconheço o sábio senhor,
O que vós não tocais, está para vós distante várias léguas,
O que vós não abarcais, não existe para vós,*

O que vós não calculais, é falso para vós;
O que vós não pesais, não tem peso para vós;
O que vós não conseguis tornar rentável, não tem valor na vossa opinião.»

(«Fausto»)

Existe, contudo, outra forma de conhecimento que em nada deve aos nossos sentidos. É um conhecimento que não se consegue discernir através dos nossos olhos e que ninguém consegue ouvir com os ouvidos. É um peso impossível de calcular pelo tacto e não é doce nem amargo, pois é impossível prová-lo com a boca e a língua.

É um conhecimento sem sabor, sem peso, sem cor e sem limites. E no entanto existe. Diante de nós? Atrás de nós? Acima? Abaixo? Pouco importa: existe.

Os nossos sentidos englobam e geram a faculdade de experimentar as impressões nascidas em nós dos objectos materiais. Este conhecimento não pertence à matéria.

Um «sentido» é também uma direcção, a posição de uma recta num plano, de um plano num volume, a situação do nosso corpo no mundo, conforme os limites criados pelo tempo e pelo espaço.

Este conhecimento é uma luz que não vemos, um sabor que não provamos, um peso que não sentimos, um ruído e tumulto que não ouvimos, mas que nos informa da direcção que tomámos, donde viemos e para onde vamos. Eternamente questionado, é o único que permite responder eternamente. Assim que estamos frente a frente, ele suprime finalmente qualquer interrogação e a sua resposta é o fim de todas as procuras, de todas as fomes, de todas as sedes e de todas as angústias.

Um sentido explica-se como a necessidade de satisfazer um instinto. Este conhecimento de que falamos está além de todos os desejos, porque fora dos nossos sentidos. Sendo assim, nunca perecerá connosco, pois não pode ser tocado por eles.

Um sentido é também uma direcção, um momento no qual se dissolve uma duração. Fala-se comummente de sentido interdito ou de sentido giratório. Este conhecimento é o único capaz de nos explicar «o sentido» desta viagem iniciada com o nascimento e que aparentemente terminará com a morte.

Na astrologia, é simbolizado pela claridade do Sol, que ilumina todas as coisas. Ele é a claridade que ilumina todos os homens vindos a este mundo[2]. Ele é a luz.

Para um verdadeiro astrólogo, a luz só pode ser a linguagem de Deus. D' Ele a nós irradia esta vontade que só podemos apreender e definir de duas maneiras: pela ausência da luz – o erro e as trevas; pela presença da luz – a verdade e a iluminação. Dado que não é apercebido pelos sentidos, este conhecimento não pode ser alcançado pela matéria que sucumbe «aos sentidos», mas por outra coisa. Com efeito, toda a matéria é divisível, isto é, mortal. Nada do que nasceu do homem sobreviverá ao homem. Nada do que nasceu da matéria sobreviverá à matéria.

Esta linguagem constitui a astrologia. É este conhecimento situado fora da matéria que vos convidamos a partilhar. É ele o assunto deste livro.

A linguagem da astrologia: a luz

Para que possamos caminhar em direcção a este conhecimento, primeiro é necessário que ele exista e de seguida que o possamos alcançar.

Existirá ele? Os raios ofuscantes do Sol asseguram-nos deste primeiro aspecto.

Na astrologia, não nos podemos dirigir em direcção à luz por meio da inteligência, que é uma simples operação intelectual que permite dividir (o signo da Virgem, no Zodíaco) ou multiplicar (o signo dos Gémeos). Caminhamos para este conhecimento graças a duas faculdades soberanas que para os astrólogos são as

---

[2] «...Era a luz verdadeira que, vinda ao mundo, a todo o homem ilumina. Estava no mundo, e o mundo foi feito por Ele, mas o mundo não O conheceu. Veio ao mundo que era Seu, e os Seus não O receberam. Mas a todos os que O receberam, aos que crêem n'Ele, Ele, deu-lhes o poder de se tornarem filhos de Deus; eles que não nasceram do sangue, nem da vontade do homem, mas sim de Deus» (Evangelho Segundo S. João).

mais preciosas que possuímos: a vontade e a fé. Quais pedras preciosas, podemos guardá-las, dá-las ou perdê-las.

Apenas podemos aceder a este conhecimento conforme a vontade e a fé de cada um.

Escapa-nos a verdadeira natureza da luz, que impressiona e revela as coisas. Trata-se, claro, de radiações – visíveis ou invisíveis – emitidas por corpos incandescentes ou luminescentes. Veremos adiante que o homem pode introduzir a luz na matéria, mas isso fá-la perder assim o seu carácter de absoluto. A luz evocada pela linguagem astrológica é a luz dos astros, particularmente a do Sol.

A astrologia depende inteiramente dos astros, ao querer criar uma linguagem que escapa à parte mortal do homem, no sentido de que não pertence à matéria mas que é eterna. Nenhum livro a consegue conter. Ela só se encontra toda inteira no corpo humano e nos corpos celestes, pois entre os dois há uma relação analógica.

Consequentemente, ela escapa às determinações do tempo e do espaço, que na verdade são apenas os limites ligados à matéria.

O ilimitado: campo de experiência da astrologia

Diz-se que a astrologia é «anticientífica». A sua definição não é tarefa fácil, mas torna-se necessária para quem quer penetrar nos seus segredos. Não há nada mais razoável do que explorar as duas operações matemáticas do espírito que lhe pertencem por direito e que são os alicerces sobre os quais ele se equilibra: a lógica e a analogia.

Astrólogos árabes criaram o zero. A própria linguagem matemática proveio da observação dos astros. Outrora existia – e existe ainda, se bem que oculta e apenas ensinada aos estudantes qualificados para tal – uma matemática sagrada, uma linguagem iniciática cuja fonte eram os movimentos dos corpos celestes. Aliás, Platão, com a sua célebre frase *«Que ninguém entre aqui se não for geómetra»*, a isso faz alusões constantes e penetrantes na sua obra.

É inútil recordar que alguns dos grandes espíritos da humanidade foram astrólogos, como Morin de Villefranche,

Paracelso, Tycho-Brahé, Newton ou Kepler, o que faz com que essa questão seja um dos muitos e falsos problemas alimentados pelos tempos modernos.

Na realidade, não é a matéria que é superior ao espírito, o material ao espiritual, o mensurável e finito ao que é infinito, o que é mortal ao que não o é, mas o inverso.

A ciência tem apenas por objecto o que é mensurável. Avalia os efeitos, as forças, as radiações, as energias ou as transformações. O seu domínio restringe-se ao que pode ser medido, ou seja à matéria.

O que não pode ser medido, isto é, o infinito, escapa-lhe *ipso facto*. O Universo é um conjunto de forças que se recusam a qualquer medida «exacta», dado que se encontra em estado de transformação constante, o que é, aliás, dado pelo movimento dos astros, que nunca repetem duas vezes o mesmo percurso.

Se, contudo, podemos «medir» este movimento, é porque nos contentamos com analisar uma fracção do todo e não o todo, e porque esta série de transformações se efectua segundo leis precisas. Uma força primordial ditou este conjunto de leis que se perpetuam por si próprias, uma engendrando a outra, exactamente como nós engendramos os nossos descendentes, aplicando leis de que não temos consciência, mas que podemos conhecer através da astrologia. É a razão por que, à nossa escala, este conjunto cósmico se abre à nossa fé e à nossa vontade.

A ciência que apenas tem por objecto a matéria só pode explorar metade do círculo astrológico, aquela metade que se encontra sob o horizonte. Por isso a astronomia só se interessa pelas propriedades físicas dos astros, como a densidade, o brilho, as radiações, etc., enquanto a astrologia as toma simultaneamente como denotadoras de uma permanência e de uma mudança. Qualquer ciência debruça-se sobre o homem à sua nascença e abandona-o às portas da morte. A astrologia, por seu lado, possui a chave de todos os destinos e, por este caminho circular e luminoso que é também o dos astros, regressa com eles à vida.

2

Breve história da astrologia

Para os ocultistas, a astrologia não pode ter uma origem humana se se atender ao conjunto das relações universais que unem o microcosmos ao macrocosmos. Encontramos astrólogos na antiguidade e tão recuadamente quanto possamos remontar.

Ao contrário do que geralmente se crê, não foi a astrologia que descendeu da astronomia, mas o inverso. Esta astronomia representa uma decadência. A ciência moderna nasceu assim que Deus se retirou do mundo e assim que a astronomia se contentou com verificações unicamente físicas.

Será necessário repetir aqui que o nosso ciclo actual, o da Idade de Ferro, já tem seis mil anos, que abarca os tempos históricos [3] conhecidos e que do lado de cá um impenetrável manto de trevas nos oculta o que existiu?

Anaximandro, discípulo de Tales, foi na antiguidade grega um astrólogo, tal como o seu mestre. Segundo Aristóteles, Tales ensinava que a substância infinita envolvia e governava todas as coisas. O nosso corpo era composto de oxigénio, de hidrogénio, de carbono, etc., de substâncias orgânicas como as que se encontram na natureza, nos minerais e nos vegetais. Anaximandro concluiu o seguinte: todas as espécies animais, incluindo o próprio homem, foram engendradas no seio do oceano, no elemento húmido, na triplicidade aquática – os signos de água –, pelo calor do Sol, pai da vida, pai dos deuses e símbolo do

---

[3] Ou seja, os tempos que nos deixaram a escrita, as armas, a cerâmica, etc.

incognoscível. Somente a astrologia consegue religar o homem a Deus e conduzi-lo ao centro universal que é paz e repouso.

É através dos pulmões que o homem entra em contacto com o Cosmos e com a ordem universal. A vida começa com este elemento aéreo e termina com a sua dissolução. Trata-se, bem entendido, da vida material, que apenas pode criar o suporte do corpo.

Mas a própria criação terrestre e este mundo em que estamos inseridos apenas vive devido à incessante circulação do elemento aéreo, que também está imerso em todo o espaço (matriz de todas as coisas), tal como o homem se banha no elemento aéreo.

Para a doutrina pitagórica, que iria exercer uma grande influência na Idade Média, o culto da harmonia e da proporção são obra dos números. Um ritmo quase musical engloba todos os fenómenos vitais e o conhecimento do número permite, portanto, chegar a Deus.

O número parte da unidade, que é privilégio divino. Par e ímpar dividem o Universo criado e esta divisão conduz necessariamente ao conflito entre estes dois princípios, produzindo aquilo que no mesmo momento histórico os hindus denominam de *maya*, a ilusão cósmica. Para o cientista, tudo é uma espécie de nevoeiro em movimento, que só tem existência para as mentes iludidas. No centro da roda cósmica, fora de todo o movimento, o tempo e o espaço desaparecem e não têm mais razão de ser.

Par e ímpar originam o masculino e o feminino, duas noções antinómicas que alimentam o fluxo eterno da vida mas também da morte – da qual é inseparável. À unidade juntam-se os zeros em número incalculável, mas apesar de o seu número se poder exprimir por milhares de milhares, estes zeros não conseguem modificar a unidade principal, que é a incarnação divina na matéria. O homem só se apercebe desta unidade se parar e renunciar ao desejo, abstraindo-se do casal e caminhando uma vez em direcção a este centro, onde encontrará a luz informal – o círculo polar que o ofuscará de assombro.

Compreende-se agora por que razão a astrologia se baseou nas matemáticas, que são uma convenção estabelecida pelos astrólogos, cujo sistema decimal tem a sua origem no total humano par (a mão direita) e ímpar (a mão esquerda).

O número está oculto no alfabeto e a astrologia antiga está assim ligada à magia, que pretende mudar a ordem natural das coisas. Podemos adiantar que esta tentação demoníaca de alterar uma ordem natural marca o começo da Idade de Ferro que actualmente vivemos e cuja marca distintiva são os atomistas. Os verdadeiros magos são os cientistas modernos, que mediram o mundo natural e que, graças à desintegração do átomo, pretendem mudar o mundo actual. Ao modificarem a ordem natural do mundo, não se dão conta de que se confundem com a fábula grega do aprendiz de feiticeiro.

Para a astrologia grega, a realidade das coisas está essencialmente oculta no seu nome. Encontramos nos papiros (entre nós bastante impropriamente chamados «O Livro dos Mortos») este sentimento que anima as coisas pela soletração e pronúncia do seu nome. De resto, é espantoso verificar que o som é principalmente uma ligação[4] que postula um meio material elástico. Deste modo, pela deslocação e propagação das ondas, pode-se começar uma explosão e modificar o meio.

A magia antiga descia do espiritual para o material. Tendo-se separado do espiritual, a ciência moderna só anima o material e apenas pode alterar o mundo sensível que o aprisiona, tal como um Sansão que, ao derrubar as colunas do templo, se sepulta juntamente com ele.

A Cabala (palavra que significa «receber») esforça-se por cifrar os nomes em números e encontrar uma chave universal que pela pronúncia do nome consiga abolir o próprio centro do mundo. A verdade desta expressão reside no fogo que ao penetrar no coração da matéria – tal como a alma que penetra no centro das coisas e encontra a paz – coincide com a fusão nuclear, com a morte[5] da matéria. Será preciso dizer que estamos hoje muito próximos deste ómega, simbolizado pelo mito bíblico de Sodoma e Gomorra?

---

[4] Entre dois corpos ou dois meios materiais, desempenhando um papel de emissor e outro de transmissor.

[5] Ou seja, coincide com o seu fim, pois toda a morte é uma ruptura *definitiva* com um determinado meio.

Muito antes de Kepler, já os órficos atribuíam ao mundo a forma de um ovo, no qual aquilo que estava em cima equivalia ao que estava em baixo e vice-versa. As órbitas elípticas dos astros, que Kepler redescobriria após a longa noite das invasões bárbaras, dão-lhes razão.

Heraclito, cuja doutrina foi seguida pelos estóicos, encarava como ilusão a aparente estabilidade dos fenómenos, que nos ocultava o fluxo e refluxo perpétuos das coisas animadas. Com Platão, a astrologia grega encontra ao mesmo tempo um iniciado – formado pelos sacerdotes egípcios – e um teórico de incrível génio.

Para Aristóteles, o mundo não tem começo nem fim. Nietzsche adoptará a sua teoria do «eterno retorno», que os próprios gregos haviam certamente tomado dos hindus.

A Caldeia

É sob o claro céu da Caldeia que os cientistas actuais — grandemente desconhecedores da astrologia — colocam o nascimento da astrologia. Nada é mais inexacto, dado que a própria astrologia caldaica refere já uma astrologia «antiga» muito anterior à Atlântida e remontando a uma era muito mais distante da Babilónia que os tempos que já decorreram até à actualidade!

Diga-se desde já que nas civilizações antigas os astrólogos eram sempre sacerdotes e a astrologia só era conhecida por iniciação, sendo apenas ensinada na corporação dos sacerdotes, a qual era depositária das tabuinhas de terra cozida com as recolhas das observações planetárias de milhares de anos. Só os iniciados tinham acesso a elas.

Os estudos astrológicos eram, portanto, objecto de uma iniciação e a este saber só podiam aceder aqueles que a corporação real dos sacerdotes-astrólogos achava dignos. O poder régio estava nas mãos de uma casta de guerreiros, mas o poder sacerdotal comandava-os, sendo o rei consagrado pelo chefe desta corporação. Não havia astrologia individual, exceptuando-se a que era dedicada ao chefe do poder temporal, o rei, já que este era considerado «filho do céu» (um dado que também encontramos na antiga civilização tradicional chinesa), assumindo o destino colectivo na sua pessoa.

Grande parte do que hoje sabemos sobre a Caldeia chegou-nos por via da língua grega, como a história escrita pelo astrólogo e padre caldeu Baruk, dedicada a Antíoco I Soter. É o mesmo que dizer que a história de Portugal desde a invasão romana nos é dada a conhecer através de um manual em inglês e do qual apenas possuímos a última página.

Sin, Sama, Marduk, Dilbat, Ishtar. Os próprios nomes dos astros mudaram ao longo da extensa história babilónica. Acrescente-se que não existe qualquer astrólogo entre os actuais assiriólogos e que mitos como o de Gilgamesh já nos chegaram deturpados.

Já na época de Heródoto estas atribuições eram bastante confusas. O historiador refere as cores dos sete recintos de Ectabana, que evidentemente correspondem aos sete planetas tradicionais: o Sol, o dourado; a Lua, a cor argêntea; Marte, a púrpura; Saturno, o negro; Vénus, o branco; Mercúrio, o azul; Júpiter, o vermelho-claro. Estas cores já não são as tradicionais, que derivavam do septenário.

Encontramos anotações dos astrólogos régios nas tabuinhas de terra cozida (muito mais duráveis que os nossos diários da república ou as nossa actas de assembleia):

«Ao rei, meu senhor, o seu fiel servidor Mar-Ishtar. A Lua desapareceu no 27º dia. A 28, 29 e 30 observámos o nodo lunar do eclipse do Sol; o tempo passou e o eclipse não ocorreu. No primeiro dia, quando declinava o dia da Lua Nova do mês de Tamuz, a Lua estava novamente visível por cima do planeta Júpiter, como já anteriormente anunciara ao rei meu mestre; não me tinha enganado. À hora de Anu, ela apareceu em declínio no círculo de Régulo, mas o seu crescente não era nítido devido às brumas do horizonte» [6].

---

[6] J. Oppert, *Os Dados Astronómicos da Escrita Cuneiforme Assíria*, 1885.

Os astrólogos são consultados para fundar cidades e templos. A isso chama-se um «mapa astral de eleição». Trata-se da carta astrológica do acontecimento em causa, a partir da qual se escolherá o dia e a hora mais propícios, entendidos como um nascimento. Seis mil anos depois, os astrólogos modernos procedem do mesmo modo quando um seu cliente, por exemplo, quer fundar uma sociedade. Claro que não são consultados pelos poderes públicos quando estes fazem tratados, quando instituem uma «Europa verde» ou quando fundam uma nova cidade que mais não é do que um amontoado desordenado de bairros sociais com habitações de renda baixa. Não é de espantar, portanto, que estes tratados ou estas cidades e habitações durem pouco, contrariamente às cidades antigas, cujo poder reinou sem ceder durante várias dezenas de séculos. Hoje lançam-se as fundações de qualquer coisa, seja qual for o aspecto do céu. Mas será que encontraríamos astrólogos honestos e competentes em número suficiente? Temos as nossas dúvidas.

Os astrólogos caldeus fizeram uso regular de observações que interpretavam segundo os termos «de uma tabuinha que já não existe», o que pressupõe regras muito antigas e bibliotecas inteiras formadas de tabuinhas de argila, hoje inexistentes e devolvidas à poeira por causa de guerras e incêndios — ou seja, todo um considerável saber que estava destinado a permanecer escondido de nós para todo o sempre.

Segundo Epping (*A Astronomia na Babilónia*), cientista materialista do século passado, o Zodíaco caldaico englobava os doze signos seguintes:

Ku = Carneiro ♈
Te-te = Touro ♉
Mas-masu = Gémeos ♊
Nangaru = Caranguejo ♋
A = Leão ♌
Ki = Virgem ♍

Nuru = Balança ♎
Aqrabu = Escorpião ♏
Pa = Sagitário ♐
Sakkhu = Capricórnio ♑
Gu = Aquário ♒
Zib = Peixes ♓

O eixo Touro-Escorpião adquire uma importância muito particular, dado que pela sequência da precessão dos equinócios o Touro ocupa o lugar da constelação do Carneiro (actualmente são os Peixes). Os touros alados de Khorsabad e as enormes construções assírias assim o sugerem inequivocamente. Recorde-se que o Touro é o signo da construção e da arquitectura; durante 2160 anos, os maiores construtores que jamais reinaram sobre a Terra deram à luz uma arquitectura colossal. Marduk, o touro divino, é ornado com «cornos de soberania».

A epopeia de Gilgamesh, cujos doze cantos correspondem aos doze signos do Zodíaco, possui um significado esotérico, como de resto os doze trabalhos de Hércules na mitologia grega. Assim, quando Gilgamesh luta com os homens-escorpião que guardam o portão do monte Masu, encontramos referências aos poderes mágicos deste signo da sexualidade e da iniciação; a interdição proíbe qualquer tentativa de alcançar o cume da montanha, o lugar mais próximo do céu e do conhecimento supremo, se não houver previamente uma purificação e um julgamento (a Virgem e a Balança precedem o signo do Escorpião no Zodíaco).

Hércules é a personificação de um mito utilizado pelos astrólogos gregos para o mesmo fim, e o seu combate contra o Leão de Nemeia refere-se ao signo do Leão; a captura das éguas de Diómedes ao signo dos cavalos, o Sagitário; há alusões ao mistério do signo do Escorpião (signo plutoniano dos infernos e dos poderes ocultos) no rapto de Cérbero nos infernos, quando o herói, ajudado por Atena e Hermes, desce ao reino das sombras donde nenhum mortal alguma vez regressou; a captura dos bois de Gérion é uma referência ao signo do Touro, etc.

É difícil falar da astrologia egípcia, pois é necessária uma iniciação aos hieróglifos. Digamos simplesmente que, devido a intenções de ocultação, a língua sacerdotal dos hieróglifos não é uma língua corrente. A astrologia está dissimulada na magia cerimonial, o que nos leva a pensar que no final da sua civilização o Egipto terá morrido em convulsões desesperadas. Júpiter tem por nome *Hur-up-Seta*, «Hórus que revela o segredo», que na Índia corresponde mesmo ao seu nome de *guru*, o guia, e que na astrologia ocidental corresponde às atribuições de iniciação, de guia espiritual e de sabedoria que lhe dão hoje. Saturno é *Hur-Kapet*, «Hórus touro do céu», e possui uma importância primordial.

Reencontramos a astrologia egípcia na astrologia romana, cuja tabela dos termos planetários que dividem cada signo do Zodíaco foi vulgarizada por Doroteu de Sídon, Firmicus e Paulo de Alexandria, segundo Nechepso e Petosíris.

Roma e a Idade Média

O *Astronomicon*, de Manilius (século I), o *Quadripartido* e o *Centíloquo,* de Ptolomeu (século II) e os oito livros de *Matemáticas dos Astros*, de Firmicus Maternus (século IV) vão esforçar-se por reunir os fragmentos da astrologia egípcia e da astrologia grega. Diversas causas tornam este trabalho muito difícil, nomeadamente as grandes invasões, as pilhagens e incêndios de bibliotecas.

De entre estes nomes destaca-se o de Ptolomeu, compilador de talento, geógrafo e linguista. Seria ele um astrólogo? Parece que sim, pois bebeu nesta tradição e nos seus antecessores, mas no espírito da astronomia isso pode ser considerado como uma homenagem. Antes de mais, Ptolomeu é um espírito lúcido e um matemático de primeira categoria. Ainda hoje utilizamos as suas classificações nos signos do Zodíaco: o Carneiro domina as pastagens; o Touro as terras férteis; os Gémeos as terras estéreis e não-aráveis; o Caranguejo os lugares húmidos e arborizados e os terrenos perto do mar; o Leão os desertos e os covis das feras; a Virgem as searas; a Balança as terras não aradas; o Escorpião as vinhas e as amoreiras; o Sagitário os cedros e os ciprestes; o Capricórnio os bosques com encostas escarpadas e as montanhas; o Aquário os rios e os lagos; os Peixes os oceanos. Estas classificações são conformes ao princípio da analogia e ao espírito dos signos.

Quando Cláudio Ptolomeu declara, por exemplo, que «*de certeza que aquele que é dotado para uma arte foi influenciado por um astro propício a isso no dia do seu nascimento*», está a reunir o princípio da força pelos ângulos, sobre os quais se edificou toda a astrologia caldaica. Deste modo, um escritor terá um Mercúrio forte, um filósofo um Saturno forte, uma actriz uma Vénus em posição de força, etc.

Na época de Roma, todos os imperadores romanos têm o seu astrólogo. De resto, o próprio Virgílio, o autor das *Geórgicas*, ocupa-se com alegria da ciência dos astros, tal como outros escritores romanos. Diversos autores comentaram os prodígios surgidos aquando da morte de César e vários astrólogos haviam-nos já profetizado, nomeadamente o cometa que apareceu no momento do seu assassinato. Tendo ascendente Capricórnio e o Sol em Escorpião, Tibério aprende a astrologia quando caiu em desgraça e se exilou em Rhodes. Foi o matemático e astrólogo Trasilo quem o iniciou nesta ciência.

Vários astrólogos profetizaram a Agripina, mãe de Nero, que este a envenenaria e comandaria o império. Vespasiano, Tito e Domiciano honraram com riquezas os seus astrólogos. Suetónio conta que Domiciano conhecia bem a astrologia e que na véspera da sua morte este anunciou que *«amanhã, a Lua cobrir--se-á de sangue em Aquário e então acontecerá algo de que falarão todos os homens do Universo»*.

Os relatos dos historiadores romanos são frequentemente suspeitos, dado que os seus ódios deformavam os acontecimentos, mas é inegável que a moda era a astrologia... e ao lado de praticantes sérios (em pequeno número, como sempre) havia vários charlatães. Um cronista refere que Adriano estudou a astrologia por conta própria e que pelo seu aniversário apontava tudo o que lhe tinha acontecido durante o ano. No ano em que morreu, interrompeu tal tarefa na hora exacta em que falecia.

São atribuídas bolsas, nomeadamente por Alexandre Severo, para o estudo da astrologia, e até o próprio Estado subsidia algumas cadeiras.

Todavia, a decadência da astrologia começa à medida que o Cristianismo se impõe. Por razões várias, a nova ordem social — no seu desejo de impor um sentimento do pecado original que a todos oprima — trava a difusão da astrologia. Mas não é tarefa fácil, pois numerosos santos padres da Igreja e uma multidão de bispos praticam a astrologia.

O mundo árabe e o mundo judeu vão fornecer uma brilhante plêiade de astrólogos de grande classe. Estes astrólogos são também médicos e a sua vontade de cuidar da alma e do corpo exigia uma meditação sobre estas duas artes. Surgem assim grandes tratados, como o *Speculum* de Junctin ou *O Tratado das Sentenças dos Horóscopos Genetlíacos* de Rantzau, no qual este, dirigindo-se ao leitor, declara: «*A Astrologia é um excelente meio de adivinhação, graças aos planetas e aos signos celestes em que aqueles se situam. Por vezes pronta a induzir em erro, ela é no entanto sempre verídica quando se conhece com exactidão a hora de nascimento e quando os procedimentos do astrólogo são correctos. Esta arte provém da experiência dos séculos passados, no decurso dos quais foram observados inúmeros acontecimentos que se repetiam de modo semelhante quando os próprios signos voltavam ao ponto de partida. Poderás, amigo leitor, julgar por ti próprio todas estas coisas.*»

Os maiores cientistas também se ocuparam da astrologia, como Newton, Tycho-Brahé ou Kepler, tendo este executado o horóscopo de Wallenstein, através do qual lhe predisse todos os acontecimentos da sua vida. Todos os manuscritos astrológicos de Newton foram queimados quando este morreu, pois uma fé mesquinha e intransigente opunha-se aos astrólogos, que tinham de multiplicar as suas precauções para evitarem a Inquisição. Mais perigo corriam se fossem israelitas, como o grande astrólogo Nostradamus, depositário dos segredos da sua tribo (a de Jacob), uma das doze de Israel, no seio da qual nasceram os profetas mais eminentes.

Nascido a 14 de Dezembro de 1503, em Saint-Rémy, Michel de Notredame era também médico e foi muito protegido pelo poder real. Foi o autor das célebres *Centúrias*, que hoje conhecem múltiplas interpretações, mas a grande maioria dos seus comentadores ignora a astrologia, necessária para determinar uma glosa da sua obra sem cair no ridículo.

Além de Kepler, que tinha um humor feroz e preferia a obscuridade, os dois maiores astrólogos da Idade Média foram indubitavelmente Jérôme Cardan (compensa ler a sua autobiografia *A Minha Vida*, 1936) e Morin de Villefranche. Foram igualmente dois eruditos autênticos, como sempre o foram os verdadeiros astrólogos, e exerceram a medicina acessoriamente, arte em que eram doutos mas que abandonaram aos poucos em favor da astrologia.

Nascido a 24 de Setembro de 1501 e tendo morrido em Roma a 21 de Setembro de 1576, Cardan foi simultaneamente um grande erudito, um óptimo astrólogo e um excelente escritor e humanista. *«De tudo o que a espécie humana pode adquirir»* – escreve ele na sua autobiografia, publicada em latim –, *«nada me parece mais agradável nem mais importante do que o conhecimento da verdade. Deste modo, e uma vez que nenhuma obra dos mortais é perfeita e menos ainda isenta de calúnia, segui o exemplo do filósofo Antonino, tido por muito sábio e excelente, e empreendi escrever o livro da minha vida. Afirmo desde já que nada aí acrescento por vaidade ou para embelezamento do relato...»*

Tal como Goethe mais tarde, este grande erudito estuda, claro, a sua própria carta astral em primeiro lugar:

«O meu nascimento. Após terem inutilmente tentado medicamentos abortivos, pelo que ouvi dizer, nasci a 24 de Setembro de 1501, perto do fim da primeira hora da noite, um pouco depois da meia-hora mas antes dos dois terços da hora. As principais situações da carta eram tais que as descrevi no oitavo horóscopo, a seguir ao meu comentário do quadripartido de Ptolomeu. Verifiquei que os dois luminares caíam sobre os ângulos... Uma vez que Júpiter estava no ascendente e Vénus dominava toda a carta, não tive nenhuma lesão, a não ser nas partes sexuais, o que fez com que não pudesse ter relações com as mulheres dos 21 aos 31 anos. Lamentava muitas vezes a minha sina e invejava os outros... Numa palavra, era desprovido de força física; tinha poucos amigos e uma fortuna magra mas muitos inimigos, de cuja maioria desconheço o rosto e o nome; não tinha qualquer ciência e a minha memória era pouco sólida. Apenas tinha superioridade para a astrologia...»

Como se vê, é incontestavelmente uma carta astral dura, o que não impede a notoriedade do seu detentor. Aliás, de certeza que Cardan se minimiza a si e à sua vontade e ambição, que devem ter sido grandes.

Quanto a Morin de Villefranche (1583-1656), autor da *Astrologica Gallica*, foi o último astrólogo dos reis de França, professor de matemáticas no Colégio de França, médico e um espírito cartesiano extremamente claro, audacioso e genial.

Tinha um estilo arcaico e vigoroso, claro e aristocrático (escreveu a sua obra astrológica em latim), aspectos que dão uma ideia perfeita da sua personalidade. Dava poucas consultas, no máximo atendia dois ou três clientes por ano, pois era dado à solidão e preferia especializar-se no ensino e na fixação da doutrina. Analisou a sua vida sempre em atenção aos astros:

«Sabemos que existe uma regra astrológica que diz que "tantos planetas na casa XII, tantas prisões". Pouco faltou para que no decurso da minha solitária juventude eu desse azo a esta confirmação flagrante, devido ao meu amor à vingança e à voluptuosidade por influência de Marte e de Vénus sobre a minha casa!...»

Nas suas crónicas, Froissart refere que o rei Carlos V convocou os seus três irmãos — o duque de Berri, o duque de Borgonha e o duque de Bourbon — e confiou-lhes o seu filho: *«Tive durante muito tempo um mestre astrólogo que me dizia que o meu filho passaria por grandes perigos e aventuras, mas sairia sempre incólume.»*

Este astrólogo era o médico André de Sully. Numa recolha de grandes astrólogos do passado, Simão de Faro também nos fala de Michel Trubert, *«natural de Angers, homem de mui grande especulação e mui conhecedor dos corpos celestes»*, do mestre *«Denis de Vincennes, médico em Montpellier e excelente astrólogo, chamado ao serviço do duque Loys d'Anjou, mui verdadeiro nos seus juízos particulares, mui conhecedor e perito»*, de Michel Tourneroc, *«natural de Chartres, mui íntimo do rei Carlos VI e mui perito na prática das eleições e do almanaque»*, de Jacques de Montciclat, *«romano, mui erudito em medicina, foi nesse tempo mui douto na ciência das estrelas. Esteve em França e presidiu ao casamento de Isabel da Baviera. Através de um prognóstico que fizera no ano de 1380, profetizou aos judeus o seu exílio e como a população corria sobre eles»*, de Gilles de Louviers, *«cónego de Paris, foi astrólogo mui perito»*, etc.

Com Morin de Villefranche, que assiste ao nascimento de Luís XIV no castelo de Saint-Germain-en-Laye e logo redige a sua carta astral, a astrologia da Idade Média vai conhecer o seu canto de cisne. Colbert, irritado com os presságios dos astrólogos sobre as guerras do reino, proíbe-os de continuar a sua arte, mas esta interdição é letra morta porque poderosos senhores estudam a ciência dos astros e nela se revelam grandes peritos. Isto tudo apesar de a astrologia ser deísta por definição. No reinado de Luís XV, quando os enciclopedistas e os espíritos fortes aderem ao materialismo e maquinismo incipiente, os astrólogos recebem o descrédito da elite, que se deixara seduzir pelo «progresso das luzes». A revolução vai explodir, apesar de ter já sido anunciada por vários astrólogos — mas ninguém é mais surdo do que aquele que não quer ouvir. O interesse de Napoleão também não irá ajudar a astrologia por muito tempo, apesar de ele próprio ter mandado gravar a sua carta astral numa medalha. A astrologia vai-se apagando aos poucos, conforme o materialismo científico se vai impondo.

A astrologia actual

As eloquentes previsões dos cientistas materialistas (como Berthelot ou Saint-Hilaire) e as profecias – desmentidas pelos acontecimentos – de Michelet ou Renan pretendem combater qualquer crença religiosa e, evidentemente, também a ciência dos astros, pois esta é desnecessária dado que o homem irá vencer a morte e porque um progresso infinito assegurará a cada um, numa paz perpétua, a satisfação de todas as suas necessidades e desejos.

As guerras do século XIX foram meros «acidentes» que apenas retardaram estas eloquentes perspectivas. As descobertas multiplicam-se: iluminação a gás, fotografia, electricidade, automóvel, aviação, petróleo, etc. Mas estes profetas do progresso nem sonhavam que a fotografia poderia servir para demarcar alvos civis ou militares; que o submarino seria equipado com torpedos de ogiva atómica (progredimos sempre na nossa civilização materialista, mesmo após a «última guerra» – é sempre «a última», claro!); que o avião poderia carregar bombas (as 30 toneladas dos oito reactores que em 1972 sobrevoaram o Vietname do Norte); ou que o petróleo serviria para mover tanques. Se o progresso é hoje mundial, também as guerras o são. Virá uma altura em que a população e a poluição aumentarão em proporções assustadoras, juntamente com a crescente pilhagem dos recursos naturais do planeta; então, repentinamente, saído do segredo, surgirá o monstro atómico.

Choisnard, um politécnico de entre as duas guerras, debruçou-se juntamente com outros astrólogos (como Caslant, um militar) sobre estas ciências ocultas ridicularizadas por todos os bons espíritos. Claro que a sua obra é hoje caduca, pois não tem qualquer ligação com a tradição e confia apenas nas estatísticas, não compreendendo as riquezas inerentes ao princípio da analogia, que é a verdadeira chave das ciências ocultas. Mas, graças à sua honestidade e rigor, deixou-nos uma verdadeira renovação da astrologia ao apregoar bem alto o que tinha descoberto.

Na opinião de alguns técnicos, o mundo científico está pronto a aceitar uma astrologia «racional» desligada de Deus, pois não quer nada dele. Não abdicam do mito do progresso, que obriga assim todos os estudos — medicina, arquitectura, ciências humanas ou jurídicas — a integrar-se num materialismo total.

René Guénon é o único grande nome das ciências ocultas. Não é um astrólogo mas um logista rigoroso, autor de uma obra tradicional. Nos seus livros denunciou sem complacências o mundo moderno e afirmou que o mundo caminharia para a sua desintegração e crepúsculo se não mudasse de rumo.

A astrologia alemã é a primeira a impor-se na Europa, se bem que as advertências dos astrólogos de além-Reno ao *Führer* não tenham tido qualquer peso nas decisões políticas. Em França, capelinhas, rivalidades e discussões mesquinhas impedem qualquer reunião dos astrólogos em organizações apartidárias.

No pós-guerra pululam ainda as capelinhas, com as seitas excomungando-se mutuamente. À excepção de alguns praticantes honestos, cada astrólogo funda o seu movimento, reúne algumas pessoas e intitula-se presidente, vice-presidente ou conselheiro técnico de associações que apenas congregam um punhado de aderentes. Não há rigor, não há pesquisa nem isenção.

Uns poucos, mais homens de negócios que verdadeiramente preocupados com a espiritualidade ou com a astrologia séria, aproveitam os computadores para fundar verdadeiras oficinas que, em vez de posições planetárias, fornecem cartões perfurados com dados antecipadamente introduzidos. E basta carregar no botão. Nunca se ridicularizou tanto o público.

E o futuro? Como sempre, o futuro está nas mãos dos jovens. Recorde-se que os estudantes de astrologia são dignos de mérito por continuarem os seus estudos, perdidos que estão na confusão dos manuais que lhes são propostos, cuja maioria não tem qualquer relação com a astrologia tradicional! No entanto, alguns progridem e conseguem encontrar a brilhante e inalterável luz que Deus comunicou aos astros, na língua que escolheu para falar aos homens do seu futuro e do seu destino.

3

As bases da astrologia

a) O círculo

Para sermos claros, nós somos o Cosmos e dele nunca sairemos. Daí que o ciclo de nascimentos e renascimentos constitua uma cadeia analogicamente semelhante à «cadeia» dos aminoácidos e assim perpetue — como a palavra o explica sem equívocos — uma ligação ao Cosmos. «Estar ligado» significa uma ligação com as diferentes formas de sofrimento. É possível estar «desligado» das coisas, mas somente se nos separarmos da matéria pela participação numa iniciação, ou seja se caminharmos em direcção a este conhecimento de que vimos falando. Um tal itinerário vai das trevas à luz.

Os astros são forças que sem atrasos nem antecipações inscrevem invisivelmente o decreto e a lei e pronunciam a palavra que age; são eles os poderes contra os quais a ciência moderna nada pode, justamente porque ela própria não é mais do que medida e matéria e porque estas forças não são mensuráveis nem finitas, aspectos de que a ciência necessita para animar, abrir e fechar o que por natureza é humano, mensurável e finito.

Tudo começa num ponto e num círculo. Sabemos que um ponto é um conceito geométrico teórico que designa a mais pequena porção concebível de espaço. É a determinação precisa de uma porção do espaço.

Por sua vez, o círculo é uma superfície plana delimitada por uma curva, na qual todos os pontos se encontram a igual distância do centro.

O centro é o meio de um espaço, um ponto interior situado a igual distância de todos os pontos da superfície de uma esfera.

Fig. 1

esfera

Fig. 2

vontade divina

vontade humana

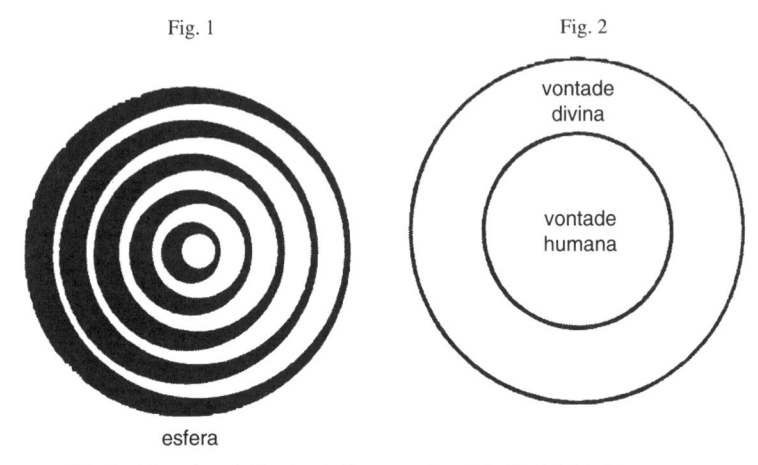

Fig. 1 - Plano de trabalho do astrólogo: a esfera. Fig. 2 - A iniciação procura a coincidência e a fusão da vontade humana e da vontade divina.

Para o astrólogo, esta esfera simboliza o universo no seu todo. Uma primeira verificação é que nos encontramos aprisionados no interior de qualquer coisa[1]; vamos de encontro a uma circunferência que nos limita.

Nascido do tempo e do espaço, este círculo exprime-se pelo nascimento e pela morte que condicionam a nossa vida. Quanto ao espaço, gera a gravidade que nos fornece as determinações imediatas e sensíveis.

A astrologia precisa destas determinações de data, hora e lugar de nascimento para redigir o chamado «mapa astral» ou «carta astrológica». Estas noções colocam-nos face aos outros e ao Cosmos e através delas a astrologia deduz o nosso destino.

Mas qual é o interesse em conhecermos a prisão se não conseguimos sair dela?

---

[1] Analogicamente, este meio fechado é semelhante ao útero, cujo papel é aprisionar-nos e alimentar-nos, havendo a saída para a luz – o nascimento – como há a saída do mundo para a morte e o renascimento.

Se estas determinações nos aprisionassem irremediavelmente, estaríamos na situação do prisioneiro eternamente condenado a arranhar os muros do seu cárcere. Seria então preferível ignorar o nosso destino. No entanto, certas parábolas como a do filho pródigo asseguram-nos que existe um vasto domínio de graça e de perdão; outros falam de um Paraíso e de um Éden a que renunciámos a favor de um mundo de sangue e de suor.

O tempo e o espaço serão valores absolutos ou relativos? Todo o nosso destino depende desta questão. Daí a razão por que a astrologia se preocupa com isso antes de ir mais longe.

Qualquer banal espectáculo de televisão faz-nos ouvir e ver sombras trágicas ou cómicas com as quais não podemos dialogar, porque não pertencem ao mesmo plano que nós, que somos prisioneiros mas conseguimos evadir-nos. O seu corpo apodrece, arde ou dissolve-se e o que se agita no ecrã é outra coisa; mas, pondo de lado estas palavras derisórias, rejeitadas no passado e que eles nos repetem eternamente, articuladas por bocas que são apenas poeira, o seu verdadeiro eu está longe. São eles os prisioneiros a quem concedemos a absolvição, a chave e o perdão, o espaço e a liberdade.

Onde e quando?

Este círculo é uma prisão a duas dimensões e podemos encontrar obstáculos em todos os lados. *Mas não tem tecto* e podemos ver os astros se levantarmos a cabeça. É este o seu mais importante significado: uma direcção, um guia. Os astros brilham por cima de nós e parecem imóveis, mas na verdade são movidos por uma mão de fogo que lhes confere prodigiosas velocidades e energias; e estão lá para nos guiar, a nós, navegadores na noite do nosso passado e do nosso futuro, quando transpomos uma margem que desapareceu para aportarmos a outra...

Cada um de nós pode fazer crescer este círculo conforme a sua vontade. Uma vontade forte determina um círculo que abarca imensos espaços e interesses e assim os muros da prisão estão tão longe que já nem os detectamos.

Para as vontades fracas – a medida comum, infelizmente! – os muros não desaparecem e transformam as forças em impotências. Aliás, o que é a vontade senão o facto de podermos agir de maneira enérgica e durável sobre tudo e todos?

Este círculo astrológico não tem a mesma extensão ou largura para todos, e por isso é o símbolo da nossa vontade.

Como resultado, a vontade constitui para o astrólogo o factor principal e determinante de qualquer destino. Só a vontade, essa intenção que transformamos em decisão, pode modificar a nossa vida para melhor. Este círculo é o domínio do ilimitado. A astrologia, desde que bem assimilada, resulta numa unidade, isto é numa vontade. Com efeito, antes de passar ao centro das coisas – ao silêncio e à paz –, o conhecimento deve primeiro traduzir-se em actos.

b) O Sol

Já que nos permite ampliar «à vontade» este círculo de determinações que nos acompanham do nascimento até à morte, a vontade é simbolizada na astrologia pela seguinte figura ☉, um círculo com um ponto no centro: a representação do Sol.

Há assim uma correspondência entre a função psicológica mais forte e o astro mais forte. Segundo o princípio da analogia, tal como os raios solares deram origem à vida, também o Sol corresponde a tudo o que pode gerar calor e a tudo o que desempenha um papel determinante e essencial na nossa existência. Se o Sol se extinguisse, desapareceria imediatamente toda a vida no que convencionalmente chamamos «sistema solar», ou seja, deixaria de existir tudo o que depende dele. Quer o queiramos quer não, fazemos parte deste «todo».

Este círculo pode ser uma circunferência muito pequena ou, pelo contrário, pode ser formada por milhares [2] de anos-luz. A representação simbólica da nossa vontade pode abarcar tudo e pode ir da fraqueza extrema à força extrema [3].

---

[2] Como o diz o antigo ditado, «O que está em cima é igual ao que está em baixo», ou seja, no momento em que são «despertadas», as vontades humanas confundem-se com as possibilidades universais.

[3] Simbolicamente, o Oriente extremo (o Extremo Oriente) irá, no final do nosso actual ciclo, da extrema fraqueza à extrema força. O plano colectivo está ligado ao plano individual.

O próprio Universo é ilimitado. Este círculo indica um retorno dos acontecimentos, é uma elipse na qual o que retorna está analogicamente no mesmo lugar, mas fisicamente por cima[4] dos acontecimentos passados.

Não é possível banhar-se duas vezes nas mesmas águas. O tempo passa e a água, embora parecendo a mesma, é já outra, formada por outros átomos. Nós próprios vamos envelhecendo e já não somos a criança, o adolescente ou o adulto que éramos. Percorremos o tempo e o espaço, mas estes permanecem os mesmos.

Estamos assim tão seguros de os conseguirmos alterar? No fundo de nós mesmos, sabemos bem que é ilusória a nossa acção sobre eles. Eles permanecem e nós desaparecemos.

Este ponto no centro do círculo significa que aos quatro pontos cardeais se deve juntar um quinto: o centro, a imagem invariável. Se o círculo exprime o significado simbólico do Homem e do Universo, este ponto evoca o seu significado último[5].

Pensemos no homem que respira: este círculo possui uma fronteira, uma circunferência que treme, que cresce e retorna, exactamente como o Universo com o qual estamos em contacto é formado por sons e vibrações. Este círculo existe enquanto limitação, mas recua logo que a nossa vontade se afirma. É, pois, uma circunferência que nunca é a mesma em cada instante da nossa vida. Só é uma prisão para quem não vê a libertação possível, para os cegos da vontade, do amor e da acção.

Este círculo exprime igualmente um dado astrológico fundamental: a expansão e a contracção. O Universo dilata-se ou

---

[4] No plano universal, o superior e o inferior só possuem significado metafísico. A queda cósmica só existe para o homem. Mas logo que a gravidade desapareça, isto é as limitações de tempo e espaço, «superior» e «inferior» deixam de ter sentido. Contudo, estaríamos errados se acreditássemos que esta liberdade pode ser obtida por meios físicos. Deste modo, as viagens interplanetárias representam apenas uma deslocação (de determinismos): trata-se de viagens ao interior do sistema – o sistema solar –, que no plano material é um sistema fechado, e assim os impedimentos do círculo continuam a existir.

[5] No ser humano, este centro é simbolicamente representado pelo corte do cordão umbilical (o umbigo) que liga o recém-nascido à mãe.

contrai-se[6], o que está em correspondência com a recessão das nebulosas que progressivamente se afastam da nossa galáxia.

A diástole — do grego *diastolê*: dilatação — é o movimento de dilatação do coração e das artérias. O que está em baixo é igual ao que está em cima e vice-versa. A dilatação do círculo astrológico está em relação com a dilatação do Universo.

A sístole é o movimento de contracção do coração, quando este envia o fluxo sanguíneo cheio de nutrientes pelas artérias e vasos, o que também está associado à precessão dos equinócios, isto é ao movimento retrógrado dos pontos equinociais[7].

O círculo engloba uma massa finita e simboliza o homem. Como a circunferência pode ser infinitamente alargada, denota igualmente uma massa infinita. Eis, pois, uma dualidade. De um lado temos a matéria, representada por uma massa finita cujas propriedades conhecemos; sabemos quanto pesamos e medimos precisamente pela ciência – um sistema convencional apropriado a este modo. Do outro lado temos o espírito, representado pelos muros da prisão; é um círculo que podemos alargar indefinidamente através das nossas faculdades, um espaço limitado por um só plano, sem fundo nem tecto e que a ciência não consegue explorar. Por isso precisamos do raciocínio analógico, que condiciona todo o conhecimento.

As contradições entre infinito e finito só são resolvidas pela superioridade do primeiro sobre o segundo. Todos nós podemos empreender esta viagem para o infinito, que é a astrologia na sua totalidade, desde que tenhamos um bom guia que saiba determinar as estrelas e que ajuste o nosso universo mental à medida da nossa vontade e amor. Alguns não escolhem o espírito para guia mas sim a matéria,

---

[6] Por definição, a «matéria» é um estado instável. Daí a razão por que nós próprios – o nosso corpo material – temos de crescer e morrer. As funções «materiais» são funções de nutrição, reprodução, etc. Por outro lado, a radioactividade revela a mudança incessante ligada ao plano material, cuja própria criação pressupõe uma actividade que lhe seja superior – o espírito.

[7] Os equinócios (*aequus* + *nox*, de *noctis*, noite) são os dois períodos do ano em que o Sol gravita pelo equador e assim o dia tem uma duração igual à da noite nos dois círculos polares. O signo da Balança, que corresponde ao equinócio de Outono, exprime o equilíbrio dos dias e das noites e as suas correspondências astrológicas são precisamente a procura do equilíbrio.

lugar onde se materializam o erro, as trevas e o desespero. Aqueles que penetram na matéria devem abandonar todas as esperanças[8].

A astrologia é o caminho que vai das trevas à luz, o que também se aplica a todos os planos: da ignorância ao conhecimento, da queda a uma nova idade de ouro, do finito ao infinito.

O círculo que evoca a mudança e a sucessão de todas as coisas transforma-se então numa roda. O que estava em cima desce, o que era matéria dissolve-se, o que permanecia em baixo sobe, o que era espírito incarna-se em renascimento (um aspecto que desta vez vai do divino ao terrestre). Nada é estático, tudo está imbuído de uma prodigiosa agitação.

Apenas está imóvel o ponto situado no meio do círculo, o «motor imóvel» e centro donde partem todos os influxos. Qualquer mudança só pode ser concebida por correspondência a um ponto fixo. Senão seria o caos e a indeterminação de todas as coisas. Pelo contrário, a vida humana apela à determinação e sucessão lógica de todos os fenómenos vitais.

A passagem do caos a esta determinação de todas as coisas deu-se com a criação do tempo e do espaço, que condicionam a matéria. Esta passagem do caos à criação é o *fiat lux* – faça-se luz! – onde existe a linguagem da luz e o lugar de onde ela saiu: o ponto situado no meio do círculo, símbolo da divindade e do inexprimível alfa e ómega[9].

Este ponto no centro do círculo simboliza a vontade humana à procura de uma permanência. Quando dizemos que alguém «tem vontade», isso significa que (depois de a mudarmos) essa pessoa tinha necessidade de cristalizar uma dada situação. A vontade é uma projecção no futuro e a este título torna-se

---

[8] O desespero é uma aliança com as trevas. A esperança é o elo sacramental com o amor e a luz. As etapas desta cosmogonia são inferno, purgatório e paraíso.

[9] Deste modo, para o esoterismo muçulmano, todas as coisas criadas, passadas, presentes e futuras, estão contidas num único ponto. Para o esoterismo cristão, ao dizer simbolicamente «Faça-se luz!», Deus encerrou nesta única frase toda a sucessão e evolução dos fenómenos vitais passados, presentes e futuros. Também assim acontece no «livro» dos muçulmanos, no qual o destino de cada um «está escrito», um livro que só poderia ter vindo do céu e que é formado pela imagem simbólica dos astros, na sua sucessão de sombra e luz, em que esta surge apenas porque há massa «material» no nosso globo.

impossível nomear ou entrar na vontade suprema de Deus, já que a sua projecção no futuro não é limitada pelo tempo e pelo espaço, e assim é a própria eternidade.

Quando mais adiante analisarmos o Sol, iremos ver como podemos regular-nos pela sua vontade e tornarmo-nos «filhos do Sol», imitando Aquele que marcou os ritmos deste círculo em que ainda estamos fechados. Ele é a chave que abre qualquer prisão.

c) A direcção

Todas as coisas possuem uma direcção, mas o seu significado escapa frequentemente aos nossos sentidos, cuja vontade se vira exclusivamente para a submissão à matéria.

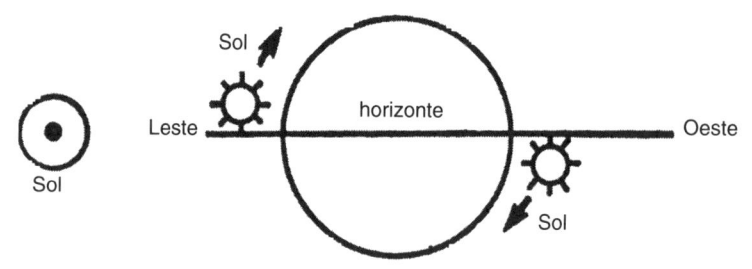

Fig. 3 – O nascer e o pôr-do-sol determinam o horizonte e a divisão da personalidade humana em consciente e inconsciente.

Por conseguinte, podemos interrogar-nos sobre este «sentido» secreto que nos permite averiguar e antecipar as coisas.

Uma direcção é um caminho a seguir para ir de um ponto a outro. Considerando o trajecto do Sol e o seu ciclo de vinte e quatro horas, vemos o astro a nascer a Leste e a pôr-se, a desaparecer para o observador, a Oeste. Por analogia, o Leste – chama-se «ascendente»[10] a este ponto em astrologia – confunde-se com o afluxo da vida. Tal como no início de uma

---

[10] O ascendente é o grau do Zodíaco que sobe no horizonte no momento do nascimento. O Zodíaco é a zona da esfera celeste dividida em doze partes iguais por grandes círculos perpendiculares em eclíptica. A eclíptica é o grande círculo de intersecção do plano da órbita terrestre com a esfera celeste; ou seja, é este próprio plano.

viagem nos sentimos cheios de vida para realizar as tarefas a cumprir, também o começo de uma vida toma a cor deste ímpeto vital.

Todavia, o ascendente não é unicamente o movimento de um astro que se eleva no horizonte; é também a linha genealógica pela qual ascendemos da criança aos pais, aos avós e a outros antepassados.

Na prática, o ascendente é frequentemente o signo solar de um dos pais. É a cadeia biológica legada pelos nossos antepassados.

O círculo zodiacal divide-se em doze casas diferentes, conforme a hora de nascimento; a casa I representa o ascendente, símbolo da vida, do Leste, do começo de todas as coisas.

Este começo de todas as coisas está analogicamente associado à cabeça, pois uma criança nasce geralmente de cabeça para a frente.

Como existe uma dialéctica entre as casas posicionadas frente a frente, em oposição ou complementares em relação à casa I ou ascendente, temos o «descendente», ou casa VII, o lugar onde o Sol se põe. Na expressão mais forte do eu, estes valores anti-nómicos dizem também respeito aos outros.

A casa I representa o lugar onde o Sol nasce, o começo e início das coisas, o seu nascimento. A casa VII é o lugar onde o Sol se põe, o final das coisas.

Isto reveste-se de uma grande importância no plano colectivo. Se o Oriente significa a ascensão de qualquer coisa, o Ocidente torna-se no ponto em que o Sol se põe e onde – qual fruto maduro que cai da árvore – uma civilização termina. O «grande timoneiro» Mao Tsé-Tung referiu-se a estas noções astrológicas quando declarou, logo após a conferência de Bandoeng, que «o vento de Leste prevalece sobre o vento de Oeste»[11].

---

[11] «*O conhecimento começa com a prática: quando vencemos pela prática dos conhecimentos teóricos, devemos voltar novamente à prática: a prática, o conhecimento e novamente a prática e o conhecimento. Esta forma cíclica não tem fim e o conteúdo da prática e do conhecimento eleva-se a um nível superior*» (Mao Tsé-Tung, *Sobre a Prática*, Julho de 1937). Trata-se aqui de um conhecimento profano, mas decalcado do espiritual. A referência a uma forma «cíclica» é um empréstimo ao pensamento tradicional chinês, que aliás encontramos constantemente no homem de Estado chinês. A observação do céu é necessária para quem quer dominar o conhecimento espiritual, tal como a prática permite subjugar o concreto para quem quer dominar o conhecimento profano.

O horizonte constitui a linha imaginária que vai do ponto em que o Sol nasce até àquele em que se põe; por conseguinte, na astrologia representa o trajecto que vai da vida à morte.

De um modo mais rigoroso, poderíamos defini-lo como o grande círculo – teórico – que divide a esfera celeste em duas partes iguais, uma visível e outra invisível. Consoante a posição do observador, o horizonte é a linha imaginária que parece separar o céu da terra ou do mar.

O que significa este horizonte para a astrologia? Marca a dualidade que domina todas as coisas. Esta dualidade origina a fragmentação e a multiplicação da matéria mas também a sua reprodução, que determina a morte. Só não morre o que é *um* porque a própria natureza participa do centro e da eternidade.

Exceptuando Deus, todas as coisas criadas são duas. A Terra é acompanhada pelo céu; o homem é ao mesmo tempo matéria e espírito; as águas são oxigénio e hidrogénio; o átomo de um corpo simples possui elementos eléctricos positivos e outros negativos, etc. Esta dualidade é personificada pelo princípio feminino *yin* e pelo princípio masculino *yang*.

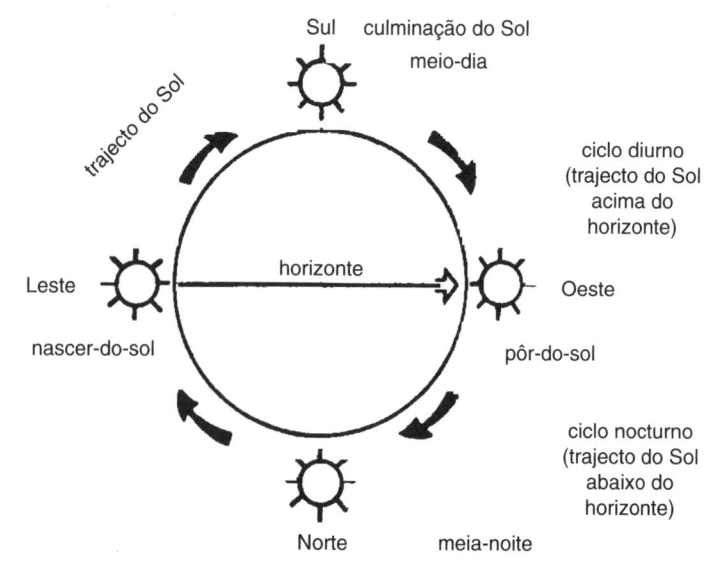

Fig. 4 - Um dia da vida humana determinado pelo ciclo solar.

O que está abaixo do horizonte é o sector do fogo e da manifestação espiritual, o *yang*. Tal como o céu por cima do horizonte, todas as coisas visíveis pertencem a este sector, que corresponde ao trajecto do Sol que durante o dia ilumina todas as coisas e as torna visíveis.

O trajecto do Sol de Leste a Oeste por cima do horizonte simboliza assim a luz, o visível, a extroversão. A sua passagem sob o horizonte corresponde ao invisível e aos valores da introversão.

Obtemos de imediato extroversão ou introversão numa carta astral consoante os astros que estão acima ou abaixo do horizonte. O horizonte divide a carta astral em duas regiões: uma acima do horizonte, o consciente, outra sob o horizonte, o inconsciente.

Cabe ao consciente guiar o inconsciente, cabe à luz desempenhar o papel de guia e ao que se eleva acima do horizonte cabe mostrar-nos o caminho.

Esta linha imaginária do horizonte mostra assim as duas naturezas humanas: consciente e inconsciente, extroversão e introversão.

E repare-se que chegamos a estas definições pela simples observação dos fenómenos naturais. A astrologia está, pois, longe de ser a ciência arbitrária como muitos detractores a querem ver, os quais, aliás, certamente nunca redigiram a carta astral da sua vida.

A dualidade é a marca própria da condição humana. Ao que está por cima do horizonte pertencem os domínios regidos pelo céu, que se deita sobre a Terra e a fecunda: o *yang*, o sexo viril, a chama, a Primavera e o Verão, a seca, o Sul, o meio-dia, a vertente soalheira da montanha, o sexo masculino, etc. O que está abaixo do horizonte é governado pela Lua: o mistério, o sexo feminino, o que está oculto, as trevas, a noite, a encosta da montanha na sombra, etc.

Acrescente-se que o Sol simboliza os homens e a Lua as mulheres.

Uma outra direcção é dada pela repartição do Norte e do Sul. O Norte corresponde à meia-noite, ao ponto mais afastado do Sol: é o lar mas também o túmulo que cada um de nós conhecerá. O Sul corresponde à culminação, ao cume da montanha, ao ponto mais elevado do trajecto do Sol no céu.

Do mesmo modo, na astrologia tal corresponderá ao momento da «culminação» da vida, à maturidade. É também o momento que permite o contacto com o poder e o conhecimento – o cume da montanha é simbolicamente o lugar mais próximo do céu.

Inversamente, o Norte representará o que está no mais fundo da Terra, o túmulo – estamos constantemente a calcar os túmulos dos nossos ancestrais –, ou no mais fundo dos mares, o ponto em que a matéria atinge a sua queda máxima por efeito da queda cósmica de que adiante falaremos.

São também lugares fechados. E o que haverá de mais fechado — mesmo que seja «aberta» — do que uma campa?

Numa carta astral, o meio-dia corresponde a um cume de onde são visíveis todas as coisas e a meia-noite é o lugar que rege a magia, o mistério e o invisível.

Tal como a meia-noite brotou do fundo dos oceanos, a vida humana brota do útero.

Estas questões levam-nos a falar dos signos, das «casas» e da demarcação do ascendente, que se determina pela hora de nascimento.

4

Os signos do Zodíaco
A roda cósmica

> «*Como demiurgo de tudo o que existe, o Sol é o grande geómetra e o grande matemático. Está situado no centro do Universo tal como a alma no corpo.*»
>
> Pitágoras

O chamado Zodíaco das constelações tem uma extensão variável. Expliquemo-nos.

Para um observador terrestre, parece que este conjunto de constelações que nos circundam gira à volta da Terra, e esta parece fixa. É, pois, natural que o astrólogo tome como ponto de referência a própria Terra, a fim de se pronunciar sobre o destino humano.

Sejamos mais explícitos e tomemos um exemplo muito simples: imagine-se que saímos de Lisboa e vamos para Londres. Efectuaremos um trajecto de um dia e depois voltaremos a casa decorridas vinte e quatro horas.

Ao chegarmos, tudo está como o deixámos: a nossa mulher e os nossos filhos abraçam-nos. O sofá está no mesmo sítio, assim como a televisão e o nosso livro favorito. Vamos ao quarto e voltamos a calçar as pantufas, que estão onde as deixáramos.

No entanto, é incontestável que a Terra já não gravita no mesmo sítio do Universo que na véspera. Tudo no Cosmos foi arrastado por um movimento rápido e potente. É precisamente por causa desta uniformidade que se aplica a todos os fenómenos cósmicos (a rotação da Terra sobre si própria e à volta do Sol, a rotação do Sol em redor de um ponto central da galáxia, a fuga desta galáxia numa elipse à volta de um lar central, etc.) que encontramos cada coisa no seu lugar habitual no universo espaço-tempo, algo a que já estamos habituados. De um modo filosófico, diríamos que existe um laço entre estes diversos elementos, pois tudo está em tudo, tudo é um eterno presente.

À escala do universo, esta viagem não dura um dia mas 25 920 anos. Ao fim de 25 920 anos, cada constelação regressa ao chamado ponto vernal, a 0° de Carneiro, no começo do Zodíaco. Assim, a constelação de Carneiro volta ao seu lugar original *aparente*. Trata-se de um ano cósmico, que os pensadores tradicionais hindus chamam "um piscar de olhos de Brahama", o deus criador do céu e da Terra.

A nossa casa já não é a mesma quando voltámos de Londres para Lisboa, dado que esteve sujeita ao espaço-tempo em que todos nos inserimos. Até nós já não somos o mesmo que partiu no dia anterior. Envelhecemos, e o mesmo aconteceu aos nossos filhos, à nossa mulher e ao nosso sofá. A Terra nunca regressa ao mesmo sítio. Se ela parece regressar ao mesmo ponto – tal como nós voltamos à rua onde moramos –, trata-se na verdade de uma ilusão. Em última análise, é já diferente esta rua onde moramos: acabaram as obras do passeio, um vizinho casou-se, um outro teve um acidente na noite passada, aquele divorciou-se...

Quando medimos o tempo decorrido, apenas medimos uma modificação segundo parâmetros convencionais do nosso espaço-tempo. Apenas medimos um espaço finito no interior de um espaço fechado, o que em definitivo é uma ilusão. Os hindus chamam-lhe *maya*, a ilusão cósmica. Somente a astrologia nos permite escapar a esta ilusão,[1] já que apela a um ponto fixo, a este centro situado no meio de todas as coisas.

---

[1] Daí a razão por que o sábio hindu deve meditar olhando para o seu umbigo, o centro de si próprio e imagem analógica do centro do Universo. Assim, e se bem que não tenha uma função fisiológica precisa, o umbigo escapa ao movimento e à agitação. Claro que este olhar para o centro de si mesmo deve ser encarado simbolicamente. Trata-se de recuperar o centro perdido do mundo e de alcançar a paz pelo desprendimento. Cada laço e «ligação» é assim quebrado simbolicamente.

Nada é estável e seria uma grande ilusão acreditar que no nosso universo existe uma verdade humana absoluta ou qualquer sistema de referências que não se altere. Mas isso é o que pretende a ciência moderna, que encara a verdade científica como um absoluto e como um sistema de referências absolutamente independente do observador.

Para o astrólogo, pelo contrário, qualquer sistema de referências está totalmente dependente do seu observador.

Já que a astrologia se propõe o objectivo de nos encaminhar para a eternidade, seria necessário adoptar um absoluto que se situasse fora de toda a medida e matéria. Como se sabe, só existe um: a Unidade.

Daqui resulta esta lei astrológica: todos os fenómenos nascidos da matéria dependem do tempo e do espaço e só podem ser descritos por referência a um espaço-tempo particular. Aos olhos de um observador terrestre, é este espaço-tempo que rege todos os fenómenos terrestres. Este espaço-tempo não possui qualquer valor em relação a qualquer outro destino, ou seja, evapora-se pura e simplesmente [2].

A luz que atravessa este espaço-tempo cria simultaneamente a sua passagem, isto é o nascimento e a morte de todos os destinos humanos.

A astrologia é constituída por este espaço-tempo que regula valores idênticos para qualquer observador terrestre, ou seja, é um conjunto de definições que a partir do nascimento de um dado acontecimento permite prever o seu limite e final.

As suas referências são o sistema solar e respectivas leis em relação a um observador terrestre – o Zodíaco astrológico, constituído pela intersecção da eclíptica com o equador celeste. E baseia-se no círculo, na mudança perpétua que é o retorno dos mesmos fenómenos (do mesmo modo que após uma viagem regressamos a um determinado ponto que é a nossa «casa»).

---

[2] Isto explica a razão por que não podemos comunicar com nada fora do nosso espaço-tempo, por exemplo com os mortos. Os espíritas crêem nesta possibilidade, mas apenas comunicam com eles próprios (e falamos apenas das pessoas bem intencionadas), ou seja, substituem o espaço-tempo que ignoram – o dos mortos – pelo seu próprio espaço-tempo.

No Zodíaco, este regresso acontece uma vez por ano, tal como todos os anos a Primavera ou o Inverno acontecem na mesma data.

Consideremos outro exemplo: olhamos para o relógio e dizemos: «É meio-dia». Ora, isto equivale a dizer que o ponteiro das horas está exactamente sobreposto ao ponteiro dos minutos e ao número doze: ou seja, acontece. Mas este meio-dia é completamente diferente do do dia anterior e talvez estejamos mortos e noutro espaço-tempo ao meio-dia de amanhã. Mas se o relógio continuar sempre a funcionar, os ponteiros apresentarão sempre a mesma posição; assim, quando alguém no amanhã (de que já não fazemos parte) disser «É meio-dia», estará exactamente nas mesmas soluções *aparentes* de tempo e espaço que nos condicionam, ou seja, estará no mesmo lugar onde nós estivemos ontem.

A astrologia baseia-se na mesma relatividade e o astrólogo competente exerce a sua arte obedecendo a ela. Assim, a hipótese constitui a própria astrologia, e isto muito antes do nascimento de Einstein. Para o astrólogo tradicional não existe absoluto nem verdade absoluta se não tivermos ultrapassado as barreiras do espaço-tempo.

A existência fora destas barreiras é o privilégio de uma causa primeira, por conseguinte exterior a este espaço-tempo: Deus.

Quando o astrólogo redige a carta astral de um seu cliente, tem fundamentos para lhe dizer quais eram os obstáculos espaço-tempo que presidiram ao seu nascimento (claro que usará de uma linguagem mais concreta) e assim, feitas as contas desses impedimentos implicados pelos ascendentes – por essa vontade que não era a sua —, dir-lhe-á os acontecimentos que para o bem e para o mal lhe prevê. Ele é apenas o intérprete que decifra os constrangimentos de espaço-tempo e não os pode modificar.

Todavia, o astrólogo estará a situar o cliente numa nova condição enquanto descreve e orienta o cliente que pela primeira vez se vê perante estes acontecimentos. O mesmo acontece com o viajante cujo comboio chega a um posto fronteiriço e tem de optar entre: 1) continuar a viagem; 2) saltar do comboio; 3) caminhar pelos corredores e tomar o lugar do maquinista.

O nome deste comboio é «vida» e só à chegada é que o viajante conhecerá o nome da estação; cada corredor representa um instante das barreiras espaço-tempo da sua vida; ao ouvir os seus passos, o maquinista voltar-se-á sem pressas: só então saberá o seu nome. O maquinista parará o comboio e com o dedo indicar-lhe-á uma estação: o seu nome é morte. O viajante apanhará outro comboio: o seu nome é nascimento.

*

O conjunto dos signos do Zodíaco tem forma circular, por analogia com a «roda cósmica», a mudança perpétua do Cosmos que é a lei suprema do Universo. Na verdade, nada está em repouso no nosso mundo.

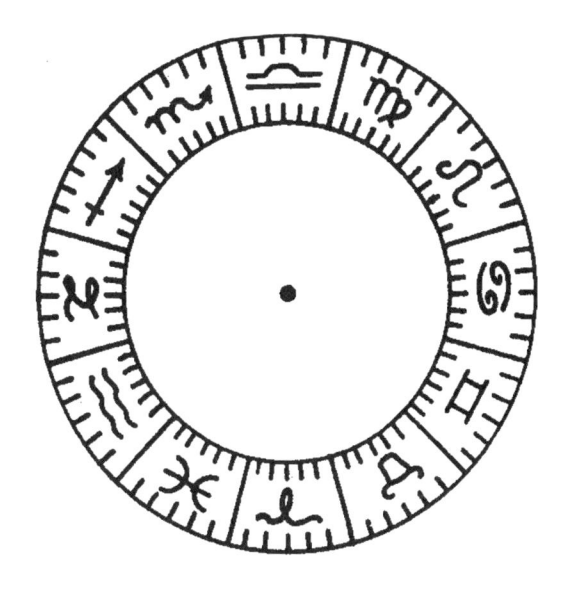

Fig. 5 - O Zodíaco

Se fizermos girar uma roda, a sua circunferência desloca-se rapidamente e apenas o centro permanecerá tão fixo que parece comandar a circunferência. Se ele não está imóvel, é porque cá em baixo apenas podemos imaginar um ponto imaginário que é o centro imóvel de todas as coisas; podemos dirigir-nos para ele mas não o podemos ver com exactidão. Só quando abandonamos a matéria que nos condiciona é que nos dirigimos para este centro, cujo verdadeiro nome é Deus. Da observação do Zodíaco resultam duas leis:

– no nosso Universo há apenas um centro e uma só eternidade. Esta unidade suprema é Deus;

– tudo é mudança e movimento fora deste centro simbolicamente figurado pelo Sol (o centro do chamado sistema «solar»). Um duplo movimento engloba todos os fenómenos vitais que derivam inteiramente das relações recíprocas do *yin* e do *yang*[3]: da vida (*yang*) para a morte (*yin*), e da morte (*yin*) para o renascimento (*yang*).

Ao tornar-se consciente da unidade de todos os fenómenos cósmicos e da sua dependência relativamente ao centro, que é Deus, o homem pode transitar do desequilíbrio para o equilíbrio, da mudança para a não mudança, da acção para o repouso, da circunferência para o centro. Este é o significado último da meditação sobre o Universo e da observação dos astros, é o sentido profundo da astrologia.

Os signos do Zodíaco

Como vimos, os signos do Zodíaco não se baseiam em dados científicos, ainda que não contrariem em nada a ciência, mas

---

[3] Assim, a saúde é o equilíbrio do *yin* e do *yang*; a doença é o seu desequilíbrio. O mesmo acontece com o homem em sociedade: a guerra é o desequilíbrio e a paz é o retorno ao equilíbrio. Para o homem cósmico, a mudança e a alternância dos pólos ou o fim de um ciclo são o desequilíbrio; a vinda de um novo ciclo é o retorno ao equilíbrio. Como o homem depende do Cosmos, o desequilíbrio do centro arrasta consigo o desequilíbrio social, individual, etc.

numa verdade situada fora do observador, não dependendo assim em nada dele[4].

Trata-se de uma força imutável situada no centro de todas as coisas, que vai engendrando a mudança mas que não é atingida ou modificada por ela. Esta mudança é simbolizada pelo curso dos astros e por forças luminosas, que são elas próprias símbolos de uma possível ascese. Estas forças situam-se numa trajectória que a determinados intervalos volta a um ponto analogicamente idêntico àquele deduzido por um primeiro observador. Para o astrólogo, os astros só têm significado em relação a um observador – o homem – e a um centro – Deus. A astrologia é, assim, o conjunto das relações que permitem ao homem encontrar o centro ideal de todas as coisas: Deus.

Os signos do Zodíaco são doze e na Tradição há várias referências a este número: os doze apóstolos[5], as doze tribos de Israel[6], etc.

A própria Tradição é um conjunto de dados orais e escritos apenas conhecidos por um pequeno número de eleitos chegados a este centro ideal de todas as coisas[7] e que, por conseguinte, atingiram a permanência, que é um dos atributos do centro.

---

[4] É inútil afirmar que todos os problemas científicos dependem, pelo contrário, do seu observador. O que entendemos por «verdade científica» é pois, por definição, uma verdade relativa. Na realidade, trata-se de uma série de hipóteses e de verdades fragmentárias estabelecidas por uma série de observadores, logo desmentidas por outros observadores, e que nada têm a ver com a verdade metafísica pura, que por definição se situa fora da matéria e da mudança para se colocar no centro de todos os fenómenos; ou seja, e uma vez mais, situa-se onde não pode ser afectada pelas modalidades impeditórias e alteráveis do espaço e do tempo. Pelo contrário, é a formulação mais exacta e possível do tempo e do espaço que dá origem à «verdade científica».

[5] Nestes exemplos, o número doze evoca uma totalidade, um ciclo fechado, um fim.

[6] São também doze os fundadores do Partido Comunista Chinês. Aliás, haverá outras curiosas «coincidências», que nos podemos estabelecer aqui, entre os doze apóstolos (que laboram no espiritual) e estes doze líderes devotados à divinização da matéria. Assim, aos massacres dos inocentes correspondem os massacres de Xangai; à fuga do Egipto, a Longa Marcha, etc. Na verdade, no fim do ciclo há uma contra-iniciação que sistematicamente retoma — mas pelo inverso — a própria iniciação. Há aqui uma influência que nos permite afirmar que nos encontramos no final do ciclo, ou seja no momento em que as trevas vencem a luz. Na simbologia astrológica, este triunfo das trevas é dado pela meia-noite, o lugar mais afastado da luz. A meia-noite e o meio-dia são designados pela mesma referência: doze horas. Abordámos estas questões pela primeira vez em *Plutão ou os Grandes Mistérios*.

[7] Simbolicamente, na tradição taoísta diz-se que aquele que procura alcança a «imortalidade». Não se trata, evidentemente, da imortalidade física, como o quiseram crer diversos comentadores e tradutores ocidentais!

Numa outra dimensão, que se confunde com a primeira, a verdade pertence a este pequeno número que transpôs a montanha, símbolo do conhecimento, e atingiu o seu cume, estando assim o mais próximo possível do céu, símbolo do conhecimento último. Se bem que em cada geração haja poucos eleitos, todavia alguns conseguem chegar a este cume e depois descem para ensinar, ajudar e estender uma mão firme àqueles que ainda estão a meio do caminho. É esse o sentido das palavras do Buda: *«Enquanto houver no mundo um único homem que não tenha alcançado o Conhecimento, eu reincarnarei e estarei a seu lado para o ajudar a libertar-se de todos os seus vínculos.»* Na tradição católica, e por palavras igualmente simbólicas, Cristo diz aos seus discípulos que estará com eles até ao fim dos tempos e com todos aqueles que se reúnem para rezar, tomar do seu corpo e beber do seu sangue.

De acordo com as formas tradicionais que regulam o esoterismo do número, o 12 representa um ciclo completo que só pode ser alterado por uma causa exterior, ou seja, só é possível pela mudança do princípio que originou este ciclo. É essa a razão por que o 13, ou seja 12 + 1, tradicionalmente sugere a morte e um novo período na evolução cíclica, uma influência de transmutação que se deve ao planeta Plutão.

É-nos impossível definir aqui, neste enquadramento de uma simples iniciação à astrologia, os diferentes signos do Zodíaco. Iremos referir os seus aspectos fundamentais, mas tal visão será necessariamente sumária, embora revele a sua unidade profunda. Cada signo representa apenas uma sílaba e somente no seu todo é que o Zodíaco reflecte a frase primordial que consta das seguintes sílabas: «Faça-se luz.»[8]

Não significa nada dizer que somos nativos de Leão ou de Balança. Apenas quer dizer que no momento do nosso nascimento o Sol se encontrava em Leão ou Balança, exprimindo uma vontade Leão ou Balança. É necessário redigir a carta astral na sua totalidade, situar os astros nos diferentes signos do Zodíaco e orientá-los, ou seja, escolher o ascendente e as «casas» segundo a hora de nascimento, para se poder calcular um destino, individual ou colectivo.

---

[8] Este simbolismo sugere que Deus está na origem de todas as coisas.

O Carneiro

O Carneiro é o primeiro signo do Zodíaco e é representado pelo símbolo do animal ♈, correspondente à cabeça, à primeira «casa», ao nascimento, à acção e à vida física legada pelos ascendentes. Antigamente, o ano começava a 21 de Março.

Pela lei de Hermes, «o que está em cima é igual ao que está em baixo» e assim existe uma relação entre nós (o nosso corpo e pessoa) e o Grande Todo. O signo do Carneiro corresponde à cabeça e já Balzac dizia que «tudo começa pela cabeça em todas as coisas», concedendo assim a primazia ao começo. No Universo, tudo começa pela acção divina, uma acção sensata e inteligente, grávida de todos os desenvolvimentos futuros.

O Carneiro rege o nascer do dia, a aurora, a hora dourada. Corresponde ao hexagrama *T'ai*, a paz na simbólica chinesa, na qual o céu se situa sob a Terra e os dois princípios *yin* e *yang* unem as suas influências numa harmonia muito coesa. Inversamente, na simbólica ocidental situamos a guerra sob este signo marciano. Assim, a guerra ou a paz dependem sobretudo da acção, do começo – a Primavera –, o que está sob a influência deste signo.

A este signo corresponde também o hexagrama *Tchen*, aquele que desperta, o trovão. Um traço masculino – *yang* – aparece por debaixo de dois traços *yin*, suscitando assim um forte impulso para o alto. Este movimento súbito e surpreendente suscita o terror, já que o fenómeno atmosférico do raio é particularmente frequente no mês do Carneiro, de 21 de Março a 21 de Abril.

Há ainda um terceiro hexagrama associado a este signo: *Li*, o fogo, «o que se une». O fogo não tem forma fixa e limitada, aderindo aos corpos que o alimentam e tornando-se luz. Tudo o que o nosso mundo contém de brilhante é função de um corpo particular que a ele se une de modo mais ou menos durável, a fim de o fazer brilhar com a mesma duração.

A luz começa desde a alvorada, desde a primeira hora da manhã. Daí a razão por que todos os começos são tão importantes. Deste modo, o Carneiro representa a semente de todas as coisas.

O signo do Carneiro também corresponde ao Leste, ao Oriente. Como pedra preciosa tem o rubi e também influencia a obsidiana, um mineral que os incas talhavam para fabricar facas para os sacrifícios à divindade solar, também ela emblema do dia que nasce. Por animal tem, evidentemente, o carneiro, sempre à frente do rebanho para lhe imprimir uma direcção. Os cornos do carneiro formam, aliás, o símbolo do signo.

A lava e as pedras vulcânicas estão também sob a alçada deste signo. O seu metal é o ferro e tudo o que é confeccionado com ele, como facas ou espadas, que assim também ficam sob a influência do signo. A verdade é que a maioria dos coleccionadores de armas brancas, por exemplo, são nativos fortemente regidos por Carneiro.

A cor do signo é o vermelho, já que o Carneiro governa o sangue. O Carneiro é, aliás, atributo dos povos mais guerreiros: os alemães, os japoneses, os polacos. Como o Sol se encontra exaltado (em posição de força) neste signo, muitas vezes os nativos de Carneiro misturam-lhe a cor solar amarela.

Segundo a simbólica chinesa, que se ocupou particularmente das relações entre microcosmos e macrocosmos, ao Carneiro correspondem o trovão e o dragão – imagem simbólica do homem forte e dos períodos de mudança do Cosmos –, o primogénito, o bambu, o junco e as plantas de crescimento muito rápido, características que estão de acordo com a dinâmica de movimento do signo.

Cada país e cada civilização estão associados a um dos signos do Zodíaco. O Carneiro regia outrora a antiga Roma e os seus monumentos, arcos de triunfo, termas, lictores, cônsules, ditadores, aquedutos e legiões. Ou ainda a civilização maia, cujos números gravados em pedra abarcam idades astronómicas. A astronomia moderna verificou que os sacerdotes--astrólogos maias tinham construído um calendário mais preciso do que aquele que hoje usamos, apresentando apenas um erro de um dia num espaço de seis mil anos.

O cientista J.E.S. Thompson, do Instituto Carnegie – detentor de mais de mil descobertas até hoje —, diz-nos que todos os monumentos hieroglíficos maias respeitam apenas à passagem do tempo, à idade da Lua e de Vénus.

A simbólica chinesa e a sul-americana atribuem ao signo do Carneiro o tigre e o jaguar, o que nos traz à memória os versos de William Blake:

Tigre! Tigre! A arder fulgurante
P'las florestas da noite adiante,
Qual olhar ou mão imortal
Foi tua simetria engendrar fatal?
Em que abismos ou que céus distantes
Arderam teus olhos em fogos brilhantes?
Quais as asas com que ele ousa voar?
Qual a mão ousa o fogo agarrar?

Os olhos e o fogo correspondem igualmente ao Carneiro, significando o seu ardor, já de si amparado por tantos símbolos fortes.

O ferro e o fogo produzem a indústria, a forja, os estaleiros, as fábricas, as fundições, os automóveis, as máquinas eléctricas, as armas e as guerras. Os elementos psicológicos que entram em jogo na personalidade destes nativos são, pois, iniciativa e ímpeto, entusiasmo e ardor, prontidão e velocidade. Não devemos, porém, esquecer o que atrás referimos relativamente à simbólica chinesa, que atribui a este signo o mais estimável e precioso dos bens: a paz. Todo o homem e mulher nativos de Carneiro perten-cem assim ao grande exército dos pacíficos, por pouca «boa vontade» que possuam (o que é mais comum na vida diária).

A força consiste em atingir um auge, e por isso Marte – o primeiro mestre do signo do Carneiro – está «em dignidade», ou seja, em posição de força, no zenital de Capricórnio, signo da montanha.

Chama-se verdade à força intelectual; amor e vida à vida sexual; integridade à força moral; liberdade à força física. Todas estas forças estavam outrora reunidas no seio da criação. Se olharmos para o céu, ainda hoje as veremos como eram no primeiro dia.

O vermelho é a cor do ferro – o metal do Carneiro –, temperado pelo fogo. Os nativos deste signo devem retirar a sua força do ferro, do coração de todas as coisas, deste centro onde o entusiasmo convoca um novo destino. As seguintes palavras de Nietzsche aplicam-se de preferência a todos os Carneiros: *«Devemos dizer sempre sim por palavras e actos a tudo o que embeleza e a tudo o que diviniza».*

A lava que jorra do vulcão é também um símbolo do Carneiro, pois só aparentemente destrói; na realidade, é o elemento mais fecundo para as futuras colheitas. O problema do Carneiro é conseguir transformar esta força fulgurante.

O Carneiro é o signo da cor, como o são todos os signos de fogo – na astrologia, o fogo denota a luz. A luz revela todos os pormenores e o significado de todas as coisas e permite extrair da natureza o seu verdadeiro sentido. A título de exemplo, fornecemos aqui uma passagem de uma carta de Vincent Van Gogh, nativo de Carneiro, ao seu irmão Theodoro, datada de Maio de 1890, quando habitava em Saint-Rémy, na Provença, num pequeno quarto no primeiro andar de um asilo. Quando o doutor Peyron o autoriza a pintar no campo, o chefe dos guardas ou um vigilante acompanha-o:

«*...Pintei duas telas sobre a erva fresca do parque, de uma simplicidade extrema... Um tronco de pinheiro violeta-rosa e depois erva com flores brancas e dentes-de-leão, uma pequena roseira e outros troncos de árvores ao fundo, na parte superior da tela...*
Rabisquei ao lado um esboço que copiei de uma pintura que fiz de três figuras que estão ao fundo da água-forte do "Lázaro": o morto e as suas duas irmãs. A gruta e o cadáver são violeta, amarelo e branco. A mulher que tira o lenço da face do ressuscitado tem um vestido verde e cabelos alaranjados; a outra, uma cabeleira negra e um vestuário às riscas verdes e cor-de-rosa. Por trás, um campo, colinas azuis, um sol nascente, amarelo. A combinação de cores feita assim falaria por si da mesma coisa que o claro-escuro da água-forte exprime.»

Van Gogh *(Cartas)*

A força do Carneiro consiste prioritariamente em ultrapassar as dificuldades, daí ser o signo dos pioneiros. Mas o que é que caracteriza o pioneiro senão o facto de avançar por terreno desconhecido? O Carneiro inaugura assim um novo caminho.

Na obra do Carneiro Van Gogh está presente a flor do sol, o heliótropo europeu de flores brancas comummente designado por girassol. Estas flores odoríferas indicam aos Carneiros que também eles devem virar-se para o Sol.

As opiniões, acções e passos corajosos do Carneiro devem-se à sua força. O seu desejo de ter fé e acreditar num ideal constitui a sua força primordial. O Carneiro é impulsivo, intransigente e vive para o momento; possui ainda uma força à medida do seu entusiasmo, da sua franqueza, da sua energia e da sua coragem (um aspecto que hoje não é muito comum no mundo). O mesmo acontece com a força da flecha atirada pelo arco, com a espada brandida pela mão soberana, e com a força ainda mais segura do pensamento que se inspira a meio da noite e escreve com a sensação da alegria prestes a ser-lhe revelada.

Mas o seu ardor e a sua força podem tornar-se febre, e aqui reside o perigo do Sol neste signo; mas o nativo facilmente obtém o perdão, pois é um privilegiado que se adianta ao alvo e chega ao combate – ou ao sacrifício – antes de todos os outros.

«*Nenhuma força é superior à força*», escrevia Nietzsche orgulhosamente antes de ser fulminado (o seu Plutão em Carneiro estava oposto ao seu Sol descendente e enfraquecido em Balança). Ouçamos ainda outro nativo de Carneiro, Alfred de Vigny, que, um ano antes da sua morte, a 28 de Agosto de 1862, escrevia:

«*Ó Senhor invisível, fazei com que,*
tornando a luz em pura claridade,
Eu possa agir com calma e serenidade.»

O Carneiro pode atravessar o fogo e o círculo ardente da vida e depois encontrar a sua força no despojamento final, pois a face de Deus, tanto quanto é permitido revelá-la cá em baixo, é pura claridade, majestade e paz, embora esteja envolta em indignação e ira.

O Touro

Na astrologia, o signo do Touro é representado por um disco colocado na cabeça do animal, entre os cornos ♉; é o disco lunar, que representa a exaltação e a força crescentes deste astro, que rege este signo da matéria.

O outro mestre do signo é Vénus (que só pode ser representado por um símbolo que exprimisse uma feminilidade e uma aceitação totais), que simboliza as forças fecundantes que descem e se incarnam na matéria, fazendo-a evoluir e ao homem. O signo do Touro é um «signo fixo», justamente porque nos parece estável e imperecível esta evolução expressa pelo turbilhão cíclico dos átomos (análoga à ronda dos astros), dado que estamos presos à matéria pelos nossos sentidos e juízos. Julgamos com os sentidos e não queremos aceitar a fluidez universal da matéria, semelhante ao jorro de um líquido que eternamente brota de um recipiente e logo é apanhado por outro, como se fosse uma imensa Via Láctea. Orgulhosos, encaramos o céu não para aceitar lições, mas para construir a nossa Torre de Babel. E fazemo-lo com tanta pressa que nos esquecemos das leis da gravidade e das leis do céu.

Na simbólica chinesa do *Yi-King*, o *Livro das Mudanças*, o hexagrama que corresponde ao Touro é *K'ouen*, o receptivo, a terra sobre a terra, composto de seis traços quebrados e abertos ao meio, ou seja seis traços femininos. Os traços másculos são os traços cheios e os traços quebrados, penetrados pelos traços cheios que os fecundam com a sua energia, são os traços femininos.

A imagem de submissão completa a força: a Terra face ao céu, a mãe face ao pai, o tempo face ao espaço. Incansavelmente percorrendo a Terra, o Touro e a vaca (o cavalo e a égua na simbólica chinesa) simbolizam igualmente as vastas extensões.

Na simbólica ocidental, o signo do Touro corresponde à força e aos alimentos. Os alimentos são superiores à força, já que esta despende deles, e os dois estão assim indissoluvelmente ligados. Aliás, repare-se que a escolha dos alimentos é importante para recobrar a força e para a conservar. O tempo que hoje vivemos é mais da fraqueza do que da força, pois esta é sobretudo proporção e disciplina, e os nossos alimentos essenciais foram alterados (vinho, azeite, pão, carne, etc.).

O Touro corresponde à pradaria, ao leite, ao queijo, aos animais com cornos, à agricultura, à paciência, ao trabalho, à perseverança, à riqueza, ao dinheiro – o bezerro de ouro –, ao capital, às ricas extensões de lavoura, aos bancos, ao lucro.

Também determina aquele que semeia e colhe (o agricultor), aquele que comanda os rebanhos (o bom pastor), o líder político ou religioso, aquele que constrói e planifica (o arquitecto), aquele que preconiza novos valores (o orador, o homem político).

A que se deve estas relações entre microcosmos e macrocosmos? Por um lado, este signo abrange o período que vai de Abril a Maio, o momento em que a Terra se cobre de vegetação e promete flores e frutos, simbolizando assim a riqueza. Por outro lado, com Vénus em dignidade e a Lua exaltada, corresponde à seiva que circula nas folhas e nas árvores e à promessa de uma vida nova. Além de mais, este signo fixo e de terra engloba ainda nas suas determinações astrológicas a terra compacta, o tijolo cozido e a pedra com que construímos os edifícios. Uma civilização Touro reinou durante 2160 anos na Mesopotâmia e os famosos touros alados de Khorsabad são disso testemunho. Nessa mesma altura, o Egipto do povo pastoril dos *hyksos*, do boi Ápis e dos crocodilos sagrados (o signo do Escorpião e da serpente, oposto a Touro) remete ainda para os misteriosos ritos sagrados.

A esmeralda é a pedra preciosa deste signo, cuja bela cor é o matiz próprio do Touro, sempre regido pelo verde. Na tradição árabe, é «a cor do profeta»[9], pois era a cor do seu estandarte, possuindo assim um significado espiritual. Esta cor apazigua e é sinónimo de riqueza visível, lembrando a vegetação e a seiva do mês do Touro; ou de uma riqueza invisível, a transformação que será operada pelo signo oposto, o Escorpião.

Após a saudação ao fogo (pelo Carneiro, primeiro signo), os livros sagrados do *Veda* procedem misteriosamente à eleição do touro divino, símbolo da construção. O sacrifício tem por objectivo assegurar que a construção humana está em perfeita analogia com a construção divina, com o Cosmos e com a Ordem do Mundo.

Reivindicas todas as coisas
ao mesmo tempo,
Ó Agni, ó Touro,

---

[9] Maomé nasceu com o Sol em Touro e durante uma importante conjunção Saturno-Júpiter em Escorpião, na casa IX, a das altas faculdades do espírito.

mesmo o que vem do mais longe.
Manifestas-te no centro da Oferta.
Traz-nos os tesouros!

O ardor cósmico resulta assim destes dois primeiros signos, a terra e o fogo, que se unirão no último dia do mundo, tal como estiveram unidos no primeiro momento. Por esta razão, na mitologia católica, Deus insufla e anima Adão com o seu fogo (o primeiro homem) e de uma costela do seu corpo modela o corpo de Eva – a primeira mulher. (O signo do Carneiro é masculino e situa-se em primeiro, não por ordem de valor – todos os signos são iguais em importância – mas por tempo; e o signo do Touro é feminino, dado que a construção surge depois do impulso). Deste modo, tudo o que é terra regressa à terra e o que é fogo ao fogo regressa, como o exige a força do Grande Espírito incarnada na criatura.

No sentido próprio do termo, o signo do Touro simboliza a incarnação, a descida manifesta na matéria e na cadeia biológica que une todos os seres. O *Veda* assim o afirma sem ambiguidades:

A Ordem e a Verdade nasceram
do Ardor que se acende.
Dele nasceu a Noite.
O Oceano e as ondas.
Do Oceano e das suas ondas
nasceu o Ano
que reparte os dias e as noites,
regendo tudo o que pestaneja.
O Grande Ordenador formou
O Sol e a Lua, por ordem de prioridade;
O Sol e a Terra;
O Espaço aéreo; finalmente, a Luz.

Que belo deve ter sido o nosso mundo no primeiro dia: esmeraldas, muito verde, tenros rebentos ondulando ao vento, plátanos, salgueiros, jardins frondosos, as ervas bebendo a água argêntea dos ribeiros!

O exemplo da natureza orienta-nos para o gosto mais puro. O Touro partilha com o Leão (signo da luz) o privilégio da arte, e assim reina em particular sobre os jardins; daí o jardineiro, o arquitecto paisagista, etc. Já que está em contacto com uma grande fonte de vida, este signo pode ocupar-se de tudo o que concerne à natureza: horticultura, floricultura, frutos, etc.

A sua riqueza de vida exprime-se em decorações claras e em estilos ao mesmo tempo clássicos, confortáveis e alegres, com tonalidades luminosas.

O seu realismo é também o do arquitecto que mede, calcula e avalia a resistência dos materiais; o do carpinteiro que – num plano estritamente material – dá às coisas as suas verdadeiras dimensões; o do notário que conhece o preço das coisas; o do banqueiro que concede, dilata ou restringe o crédito; o do financeiro que especula; o do agricultor que avalia as colheitas, as estações e os benefícios. Na verdade, o acto de venda ou de compra conduz sempre a uma conclusão que pode ser calculada ou apreendida de modo concreto, um aspecto-chave do Touro. O seu universo é o do interesse.

Há pouca poesia em tudo isto e nenhuma hipótese de evasão para um qualquer além. Este é o signo do dinheiro e do realismo oposto ao sonho. Os nativos de Touro estão perfeitamente à vontade na vida prática. Contam, calculam, governam, debitam, creditam, administram, traficam, negoceiam, cobram ou remuneram. Este signo do concreto apropriou-se do único instrumento que aos seus olhos pode modificar a realidade: o dinheiro.

Mas o dinheiro em si não possui qualquer valor próprio. Somos nós que lho conferimos, nós e os nossos desejos. Reside aqui o impulso vigoroso deste signo para este império do desejo.

O dinheiro leva à acção, transforma o rosto do mundo, proporciona as grandes obras, erege, constrói e edifica, mas também é aquilo que corrompe, que compromete, que compra, vende, transforma e arruína.

Todo o nativo de Touro deve ter consciência disso, porque o mito do bezerro de ouro significa que quem não domina o dinheiro é dominado por ele.

Como são realistas, estes nativos devem meditar mais do que os outros sobre estas noções. «Perder a vida para a ganhar», palavras sibilinas que podem ser interpretadas de várias maneiras: se tem de encontrar a luz, é para a dar a outros. É por isso que este signo encerra um grande mistério, o mistério da palavra e da vida.

Facilmente nos daremos conta deste mistério da palavra que gera a vida se nos recordarmos de que o Touro surge a seguir ao Carneiro, o signo da criação. No plano da carne, da incarnação, a criação segue as palavras nunca pronunciadas «Faça-se luz!», que simbolizam o primeiro destino dos mundos.

Daí que o profético Evangelho de S. João seja diferente do dos outros discípulos por muitas razões, uma das quais consiste em começar pela evocação da palavra:

«No princípio já existia o Verbo, e o Verbo estava com Deus, e o Verbo era Deus. Ele estava, no princípio, com Deus. Tudo começou a existir por meio d'Ele, e sem Ele nada foi criado. N'Ele estava a Vida e a Vida era a luz dos homens.»

O que vem a seguir neste evangelho diz respeito à dualidade que divide o mundo e ao espírito de rebelião das trevas que recusaram a ordem divina. Recusando-se a construção, operam-se forças de destruição eternas que derivam de um laço fluido e que só podem agir no sentido de uma criação exclusivamente carnal.

O laço entre a palavra e o Touro completa-se com outro vínculo igualmente potente: o do nativo com os alimentos, pois o Touro rege a boca.

Juntamente com o Escorpião, o seu signo oposto, e do qual não pode desligar-se completamente, o Touro participa do grande mistério da sexualidade. Daí a razão por que na vida do Touro – e inversamente – um nativo ou nativa Escorpião terá um importante papel. Uma sedução rápida liga estes dois signos, possuindo o Escorpião o mais forte magnetismo de todo o Zodíaco.

Sob a influência dos planetas femininos Vénus e Lua, o Touro preside à formação e modelagem do material. Face a este signo de terra que representa a matéria fecundável, o Escorpião (signo de água) é o esperma, a génese, o jorro, a ejaculação, fonte de vida física e espiritual.

Estes signos «fixos» – entendendo-se por tal que uma vez tomada uma direcção nunca ou raramente mudarão – são irredutíveis e apaixonados e têm por emblema os animais que se esforçam na arena ou no campo – o touro – ou que atacam com subtileza – a serpente. Uma vez iniciada a carga, o touro não a interrompe mais. A enorme energia deste signo deve-se a um afluxo proveniente do signo oposto e ao domínio da sensualidade e da sexualidade.

O Touro corresponde à Primavera e é o grande signo da vida e da natureza, dos campos, dos prados e dos bosques. E, tal como no mito de Anteu, recupera as forças pelo contacto com a terra. Por isso o nativo deve contactar constantemente com este elemento nutritivo, uma tendência que é muito patente nos verdadeiros nativos de Touro, já que as criações, os cavalos, as coudelarias, o gado, as terras e os bosques exercem uma forte influência sobre eles. A luz da Primavera que atravessa este signo incarna-se no elemento terra, que revivifica. Em contacto com os elementos nutritivos, o Touro procura a sua infância e tende a prosperar num mundo à sua imagem: prefere a solidez em vez dos ouropéis, os móveis rústicos e práticos, as cores primárias, quentes e luminosas.

O Touro é também o signo por excelência do epicurismo. A sua sexualidade nunca vem acompanhada da angústia própria do grande signo sexual que é o Escorpião. A ambição do Touro desaparece assim que se sente em segurança por ter encontrado o seu cantinho. Também gosta de desfrutar do paladar e da gastronomia, que o Touro sabe saborear melhor que ninguém, e tem amor pelo que é palpável e mensurável. É o retrato do bom gigante Gargântua, maliciosamente elaborado pelo escritor, médico e astrólogo que foi Rabelais, ele próprio muito influenciado por Touro: este Gargântua é o abade de Thélème, indulgente para com todas as fraquezas, cheio de humanidade e limitado, mas que atrai as simpatias e uma secreta inveja. Todo um festivo cortejo parte do seu portal, desde música regada a vinho e canções lascivas até um refinado epicurismo.

*

Na complexa simbólica astrológica chinesa do *I Ching*, o signo do Touro é ainda denotado por outro hexagrama: *Kouai*, a progressão, a resolução, ligada ao período Touro de Abril-Maio. Em princípio, este hexagrama postula que a razão e a paixão não podem coexistir, e a propósito disto o *I Ching* declara que no indivíduo Touro isso corresponde a um temperamento colérico e que a melhor maneira de combater o mal é através de um constante progresso pela via do bem. Não se deve responder ao mal com o mal, mas sim pelo vazio.

É preciso atacar o mal nascente, sobretudo em nós. Chamamos «mal» a tudo o que não é conforme ao rumo natural das coisas que deduzimos da via celeste. Encontramos aqui microcosmos e macrocosmos.

Os princípios de acção devem apenas perpetuar a ordem e o progresso, tal como a água dos ribeiros reflecte a calma e obscura claridade das estrelas.

Os Gémeos

Na simbólica do esoterismo, o signo dos Gémeos lembra o mito de Caim e Abel e a dualidade nascimento-morte que existe em nós. Daí que este signo duplo, simbolizado por duas crianças, governe os órgãos duplos como os dois pulmões que nos religam ao Cosmos e nos permitem respirar e viver cada instante em simbiose com ele; ou os dois hemisférios do cérebro que, através do intelecto, nos permitem compreender logicamente a tarefa que temos de efectuar neste mundo, onde o *karma* (as consequências dos nossos actos anteriores) nos colocou; ou ainda os dois braços, que nos forçam a agir para o bem ou para o mal.

Depois da construção do Touro vêm os Gémeos, signo da juventude. O Carneiro representa o 1, a força masculina; o Touro o 2, a força feminina que gera e constrói. Os Gémeos são o 3, a força capaz de multiplicar, a criança nascida do casal cujos genes transportam todas as futuras virtualidades.

O signo dos Gémeos, da multiplicação, é feito do elemento ar, que multiplica os sons. É, pois, um signo móvel, reflectindo os mesmos valores de ambivalência, hesitação e incerteza que o ar que sopra em todas as direcções e cuja força é sempre, sempre caprichosa. Os ventos não duram uma estação inteira. Em contrapartida a esta incerteza, são-lhe acessíveis todas as direcções do espaço. Na linguagem particular da astrologia, os Gémeos são um signo de ar, «mutável», duplo.

Os Gémeos não são eternos adolescentes e chegam à idade adulta como todos os outros, mas a sua atitude perante os problemas da vida é geralmente jovem e esquiva. Apesar da sua riqueza e flexibilidade, os Gémeos arrastam consigo uma fraqueza de vontade.

Tudo se passa como se os Gémeos estivessem sob a influência de um pólo atractivo múltiplo que os seduzisse por meio de qualquer poderoso magnetismo que os põe sempre em movimento e os impede de se concentrarem, impondo vários centros de actividade à sua atenção.

Usa a sua energia nestas actividades e fragmenta-se em muitos bocados como um espelho, cada um reflectindo uma paisagem diferente.

A sua tendência é apropriarem-se de tudo o que permite julgar rapidamente, como os números, o alfabeto ou as letras, tudo o que é mensurável. Mas depressa passam para outro aspecto da realidade, assim que tenham decifrado, medido ou registado. Nasce assim uma vertigem na qual só eles se reconhecem. Daí o aspecto tempestuoso da sua vida, dado que a sua aguda inteligência abraça a realidade e depois desvia-se. Por isso está constantemente a renovar os seus contactos, ideias, amores ou simpatias. A sua vontade não é uma espada nem uma lança, mas uma rede que envolve os seres e as coisas. O perigo surge quando este seres e coisas possuem um certo peso e forte densidade e mesmo assim escapam a esta inteligência tão penetrante. Deste modo, escapa aos nativos o verdadeiro peso e contorno das coisas; apenas agarram uma imagem falaciosa da realidade, reflectida no espelho onde sons, cores e duração se dissolvem, logo que são expressos.

Esta natureza que se interroga na encruzilhada dos seres está destinada a ressentir-se dolorosamente da sua dualidade, já que esta encruzilhada é também a das paixões.

Tal como o seu mestre Hermes, que possui asas nos pés, o Gémeos típico regressa à adolescência desaparecida, por isso domina tudo o que produz encantamento.

Se por qualquer magia pudéssemos imobilizar os Gémeos enquanto realizam algumas das suas actividades favoritas, vê--los-íamos como o atleta que ultrapassa os companheiros, como o condutor de comboio atento às sinalizações, como o viajante que perscruta o caminho, como o ciclista que numa curva inflecte o corpo, ou como o automobilista que mete mudanças, que acelera e ultrapassa. É o signo mais insaciável de movimento.

Mas a fragilidade alia-se à velocidade e surge um novo risco: ver-se de tal maneira projectado nos gestos futuros que já nem vale a pena aprofundar o tempo presente. Daqui resulta, porém, uma atracção por tudo o que lhe permite comunicar com os outros: o desporto, a rádio, a televisão, a literatura, etc.

Os Gémeos são observadores sagazes e não deixam passar nada devido ao incessante movimento que os arrasta. É o viajante que só pára para inventariar todas as riquezas da região a que chegou. O comboio já apita, a sua vontade vibra e mil outras cidades o esperam.

Esta mesma instabilidade é patente ao nível mental, dado que tende a resolver pelo cepticismo os dilemas relativos a doutrinas e opções.

Na política e noutras actividades sociais, os Gémeos parecem querer resolver vários problemas, mesmo os mais complexos, mas esquivam-se e usam de subtilezas e habilidades. São vencedores quando as coisas se passam no plano verbal, mas afastam-se da vitória logo que a paixão entra em jogo.

Só quem está apaixonado é que pode comunicar esta paixão aos outros. Os Gémeos só aceitam a paixão se esta se revestir de uma forma intelectual e na sua casa – toda ela janelas e portas e várias aberturas luminosas para todas as direcções – há bastantes refúgios para que a paixão escape assim que se apresente. Este aspecto será um bem ou um mal? Os chineses, por exemplo, encaravam a paixão como um fenómeno doloroso, uma espécie de mão nua que nos retirava do sono e nos despertava para uma viagem na noite. Mas a paixão é também a nudez que inflama e ensina, o corpo que desliza ao nosso lado e nos revela o nosso desejo e as nossas próprias forças ou fraquezas. É um vento furioso que percorre todos os territórios do Zodíaco mas que poupa os Gémeos.

Mas eles são, contudo, favorecidos e enriquecidos por outros elementos e podem perfeitamente construir uma relação harmoniosa entre os seres. São intermediários entre duas forças benfazejas. No *Hatha-Yoga* (palavras que significam «união com o Sol e a Lua»), o *yoga* (a União) é o mais apropriado para os Gémeos, sempre obstinados com disciplinar o sopro e a respiração – aliás, no homem zodiacal os pulmões correspondem aos Gémeos.

O aspecto mais rico dos Gémeos corresponde à noção de reunião e de associação, de agrupamento, de amizade e de concórdia. No desenho astrológico do signo, ♊, vemos duas crianças estilizadas de mãos dadas e um tecto sobre as suas cabeças, simbolizando uma relação harmoniosa entre as coisas e o seres e entre tudo o que tende para o mesmo fim.

Mas se a linguagem, atributo dos Gémeos, aproxima os seres, também os pode afastar; na verdade, não existe um único alfabeto mas vários dialectos. Há, contudo, uma língua única: a comunicação com o céu.

Sagacidade e subtileza são os dons dos Gémeos, o que explica porque é que este signo humano e sensível se entrega frequentemente à pantomima e à comédia, mas também à análise, à criptografia e à poesia. No dia-a-dia, esta sagacidade é sobretudo visível nas relações com os outros.

Para muitos Gémeos, o humor representa uma defesa contra a ansiedade, sobretudo para aqueles que possuem uma vida intelectual muito intensa (e que formam uma minoria, como em todos os signos).

Estas duas crianças de mão dada simbolizam claramente a juventude, a idade em que o ardor nos impele à inventariação e ao percurso dos caminhos oferecidos ao sonho e à acção e não apenas ao entretenimento.

Mais do que qualquer outro signo, os Gémeos têm a possibilidade de conservar a infância, o que faz lembrar as palavras de Baudelaire, que referiam que o génio é a infância recuperada pela vontade. Os valores por excelência da juventude são a disponibilidade, o espírito ágil, o olhar intenso, a comédia e os gestos que sem esforço estabelecem uma ponte entre os seres, que são outras tantas características dos Gémeos. Mesmo sob o ponto de vista da sua aparência física, os Gémeos envelhecem menos que os outros signos, como se possuíssem a graça de uma eterna juventude, e isso acompanha-os até ao fim da vida. Como estão próximos da adolescência, podem assim beber na Primavera perpétua que foi concedida ao seu signo de nascimento.

O Caranguejo

Em Stonehenge, na Grã-Bretanha, há filas de pedras graníticas que são restos de menires e dólmenes, semelhantes aos que existem em Carnaque, no Sul da Bretanha, mas ostentam a forma de um nove (9) e de um seis (6) unidos. É o hieróglifo do Caranguejo, ♋, um ovo que se fecunda a si próprio. Os cientistas rejeitaram a ideia de que estas gigantescas construções pudessem ter outro sentido que não uma mera intenção funerária, até ao momento em que um grupo de astrólogos demonstrou que se tratava de um colossal «mapa astral», que se estendia por muitas dezenas de hectares (um mapa astral é a representação do céu num dado momento). Algumas pedras chegavam a ultrapassar as quinhentas toneladas e cada conjunto representava um grau do círculo zodiacal; outros aglomerados simbolizavam os astros. Ora, como o céu está sempre a variar de aspecto, foi possível estipular a data da construção de Stonehenge.

Primeiro signo de água, o Caranguejo é simbolizado pelo animal que anda para trás, o que pressupõe que está ligado à massa primordial das águas e ao oceano, mas também ao passado e à memória. Este signo é igualmente a metáfora dos dias que vão regredindo, pois a partir de Caranguejo os dias vão diminuindo.

A Lua é o astro regente do Caranguejo e reina ao mesmo tempo sobre as águas – influencia o fluxo e refluxo das marés

– e sobre a memória e a nostalgia. As águas-mãe do Caranguejo não correspondem apenas ao oceano, fonte de vida para toda a humanidade, mas também ao útero materno, um meio fechado onde as águas amnióticas têm por função proteger e levar a vida até ao fim. O Leão vem a seguir ao Caranguejo no Zodíaco e simboliza o nascimento e os filhos, a luz e o sopro solar primordial que nos banha a todos desde que nascemos e que determina a nossa missão terrena.

Como signo da alimentação e da Lua, o Caranguejo corresponde ao útero e ao estômago e a tudo o que tem por função proteger, alimentar e levar a cabo uma grande realização biológica. Mas tudo em segredo, pois trata-se de um signo de água. Os três signos do segredo são o Caranguejo, o Escorpião e os Peixes, sempre carregados de mistério, de fecundidade e de emotividade. Relembremos o papel da água nos sacrifícios e no acto religioso: a água do baptismo que lava o pecado original; a seiva das árvores; o esperma do sexo; o sangue que banha todos os órgãos; a linfa que serve de veículo aos sais e às hormonas. Na astrologia, todos os líquidos orgânicos pertencem aos signos de água e são os sinais de um mistério a decifrar e a transcender.

O segundo mestre do signo é Júpiter («exaltado» em Caranguejo) e assegura o papel social dos nativos, dando mesmo azo à popularidade quando há uma boa conjunção com a Lua e o Sol (os «luminares»).

Tal como a onda que sobe e desce e como o oceano que flui e reflui, o Caranguejo adere aos sistemas políticos que se baseiam num acordo – ou desacordo – da maioria. Para o Caranguejo, é a maioria que manda, mesmo que esta não possua um conhecimento exacto do passado, do presente e do futuro. Por esta razão é que o Caranguejo (símbolo da democracia) surge no Zodíaco em oposição e em conflito com o signo da Balança (símbolo do julgamento) e com o signo do Carneiro (símbolo da acção). E por essa mesma razão opõe-se ao signo do Capricórnio, símbolo da hierarquia.

O metal deste signo é a prata e a platina. É importante assinalar que o punção da prata é precisamente um caranguejo e o da platina é uma cabeça de cão, animal que é influenciado por Caranguejo; aliás, chamamos «canícula» ao período de grande calor em Julho (correspondente à passagem do Sol em Caranguejo), palavra que vem de *canis*, que em latim significa «cão».

As pérolas, o cristal e o quartzo branco ou rosa (as pérolas são também influenciadas por Gémeos e o quartzo por Balança) dependem do Caranguejo. Para as mulheres do signo é a safira. Mas saberão elas que o termo «safira» vem do hebreu *saffir*, «objecto de beleza»? Será que a delicada cor azul da safira real de Caxemira lhes dá sorte porque traz a paz ou dá-lhes a paz porque conduz à sorte? É difícil resolver o dilema. No entanto, através das suas observações quotidianas, o astrólogo já se deu conta de que objectos de prata e ambientes decorados com linho branco, com cores doces e ternas como o branco, o rosa e o amarelo, são muito benéficos para os Caranguejos; e ainda quadros ou fotografias representando o mar, veleiros ou praias. É um facto que os compositores muito influenciados por Caranguejo – como Debussy – criam uma música líquida e orgânica, toda ela feita de impressões e de tonalidades que remetem para o mundo mágico da infância.

Para o Caranguejo, a cozinha é a divisão mais importante da casa, pois em todos os Caranguejos há um gastrónomo adormecido. É inútil dizer que estes nativos podem ser muito diferentes entre si, devido ao trânsito da Lua (o seu percurso pelos signos do Zodíaco) e a mil outros elementos. Todavia, e de um modo geral, é o Caranguejo que rege a magia, juntamente com o Escorpião e os Peixes, um atributo que é visível no caso de pintores do signo como Rembrandt, cujo universo místico se liga ao passado (característica por excelência do Caranguejo) em obras como "Os Peregrinos de Emaús" ou nas várias telas de "A Descida da Cruz": aqui, a influência lunar origina o claro-escuro, o estado intermédio entre o dia e as trevas, durante o qual a alma procura o perdão.

Um outro pintor Caranguejo foi Modigliani, que obtém a serenidade e a delicadeza sonhadas através de figurações lunares femininas, sobre as quais jorram as cores doces-amargas de um fruto que aguarda a sua recolha, o seu Verão e o seu desaparecimento. De modo a poder viver consigo mesmo, o nativo de Caranguejo deve ter a paciência necessária para procurar este universo transparente e informal da infância e tentar reconstruí-lo pelas vias da criação. A vida ligada ao amor requer o seu mistério e segredo, que são os únicos caminhos que levam à eternidade do sonho.

Deste signo dependem o gesso, o arame, as cores cinzentas e argênteas, a prata, a água e os tecidos de cores ténues; e, por outro lado, tudo o que cresce à beira-mar ou é trazido pela maré, como as conchas e os peixes. Como corresponde ao lar, o arranjo da casa é muito importante para os nativos deste signo.

Sendo detentor das águas-mãe, o Caranguejo sente-se fascinado pela água e pelas casas junto ao mar. Mas às vezes apenas consegue esboçar os meios que o conduziriam a estas águas primordiais: é o caso do romance, da história e da poesia. O horror à solidão empurra-o sempre para junto de grupos, de «famílias» políticas ou diferentes clãs sociais, ou então leva-o a aderir ao comércio, à hotelaria e a tudo o que é susceptível de recriar o «lar» desejado e incessantemente procurado. O próprio gosto pelo passado poderá levá-lo a alguns negócios especializados como antiguidades e arquivos e, em alguns casos, até mesmo a uma fuga ao real. Outros nativos, pelo contrário, sentem a necessidade de lidar com a nostalgia do lar, e assim aparece em certas profissões como a de agente imobiliário, como gestor de um parque de campismo ou no comércio de bebidas. A versatilidade e a contradição originam uma personalidade indolente mas desejosa de vida pública. Como a Lua simboliza a errância, a deambulação e o amor à natureza, não só encontramos neste signo o moralista indulgente que foi La Fontaine mas também um romancista como Proust, refugiado na sua torre de marfim à procura de um tempo definitivamente perdido. Os grandes escritores da errância como Jack London, Melville ou Joseph Conrad, não por acaso também grandes romancistas do mar, devem muito à Lua e ao Caranguejo. Outro exemplo significativo de Caranguejo é o dramaturgo Marcel Achard, que criou o mito do *Pierrot* lunar que delega o seu amor a outro, um *João da Lua* que denota a timidez, a vulnerabilidade e a extrema sensibilidade do signo.

Tal como a Lua que reina sobre a noite e o inconsciente, também a mãe (no Zodíaco simbolizada pela Lua e pelo Caranguejo) tem grande preponderância nos nativos deste signo. Esta influência tende a ser muito marcante no homem, até porque este signo marcado pela Lua pressupõe uma fixação e uma ligação à mãe. Nalguns casos, porém, em que não há mãe ou houve uma rejeição ou até uma dominação paralisante, o nativo encarará todas as mulheres como um reflexo da sua mãe e corre o risco de perder a sua virilidade. Citando Jean--Jacques Rousseau, também muito marcado por Caranguejo, esta situação pode levar a problemas sexuais ligados à homossexualidade ou à impotência, e basta-nos reportarmo-nos à carta astrológica de um Caranguejo como Proust, por exemplo, que vivia no casulo materno, para verificarmos até onde podem chegar estas lesões determinantes. Mas são casos muito raros e geralmente, quando a Lua está angustiada, a vontade dissolve-se em sonhos e em correntes imaginárias que derivam para rumos longínquos e irrealizáveis, para a inconstância e para a mudança.

Os homens políticos marcados por Caranguejo emitem bastante bondade mas também uma certa moleza. O Caranguejo gosta de viver e de deixar viver. Tal como debaixo da superfície calma do mar, há todo um mundo secreto que pode vir à tona bruscamente. Compare-se, por exemplo, um político Escorpião como De Gaulle – sempre na defensiva e em conflitos dramáticos e convulsos – com um político Caranguejo como Georges Pompidou – adaptável, sensível, sempre a amaciar as «arestas», revelando amor à família e ao lar e erudição poética. Este signo da fecundidade foi feito para a felicidade.

Há, todavia, períodos de tensão e de ajustamento quando a felicidade não está propriamente ao alcance e as «maravilhosas nuvens» de que Baudelaire falava podem ocultar por algum tempo os astros que lhe proporcionarão os encontros do seu destino.

O Leão

O Leão é o signo da luz e é claramente influenciado pelo astro central, o Sol. O seu segundo regente é Saturno, o astro da divindade. Com padrinhos tão fortes, não admira que a nobreza seja o traço mais visível da personalidade deste signo.

O Sol representa um espelho e muitos Leões estão destinados a uma profissão que os ponha em contacto com o teatro, a estética ou a decoração. Outros estarão mais em ligação com a casa V (como veremos mais adiante, estas «casas» são campos de actividade dos planetas e geram os acontecimentos pessoais e passionais), aparentada com o quinto signo zodiacal, que tanto rege os espectáculos (o teatro ou cinema) como a educação. Daí os dons destes nativos para o ensino. Além disso, porque está ligado ao metal inalterável que é o ouro, o Leão também é propenso para a banca, a bolsa, os metais preciosos, a joalharia ou a bijutaria. É-se nativo de Leão pelo ascendente e pelo Sol em Leão. Com ascendente em Leão temos um Apollinaire, que em tempos foi preceptor na Alemanha e noutra ocasião jornalista financeiro em Paris. E poeta, claro... Outro ascendente Leão foi Gauguin, corretor da bolsa, tendo ficado tão seduzido pela pintura que abandonou a primeira ocupação, revelando-se um pintor deslumbrante. Certas características do Caranguejo (o mar, as ilhas) levarão o Leão à procura da luz nas ilhas do Sul, onde a transparência e a voluptuosidade se misturam.

As forças solares nunca representam uma escolha ou uma cristalização, como o são as forças saturnianas (o Capricórnio), que exprimem uma ascese. Na verdade, de entre todos os signos do Zodíaco, o Leão é aquele que mais sublinha uma direcção. O Carneiro vai à frente, sem se preocupar com os obstáculos; o Touro vai acumulando; os Gémeos «explodem» em todas as direcções; o Caranguejo tenta resolver o paradoxo de avançar e recuar ao mesmo tempo; o Capricórnio eleva-se em ascese e o Escorpião desce ao mundo do inconsciente, pleno de mitos e de poderes ocultos, colocando sempre o interesse acima de tudo; o Sagitário escolhe o céu. O Leão procura uma expansão para todos os lados, excepto para os locais sem luz. Se os signos de água (Peixes, Escorpião e Caranguejo) partilham o mistério, a fecundidade e a Torre de Babel que são as emoções e os tormentos do amor, já os signos de fogo (Carneiro, Leão e Sagitário) pertencem a outra tríade. O fogo simboliza a adesão a um partido, a uma matéria, ao plano temporal, ao ensino. Como o fogo precisa de ar para se desenvolver – o oxigénio —, estes signos necessitam do apoio das massas e de comunicar com os outros. Se o veículo dos signos de água é a sexualidade, o dos signos de fogo é a acção, a rápida passagem de um estado a outro, de uma emoção a outra, do desequilíbrio ao equilíbrio. Por isso o Leão é muito mais doutrinário do que os outros signos da tríade fogo. Aliás, haverá educação sem esta endoutrinação?

Como signo fixo, o Leão consegue integrar esta passagem do desequilíbrio para o equilíbrio mais facilmente do que os outros signos. Em todos os Leões existe um pedagogo adormecido que, como todos os educadores, naturalmente começará por impor a si próprio um estado absoluto de imparcialidade e de força. O Leão despreza todos os pontos cardeais e todas as direcções e a sua realeza só emerge quando segue o instinto que o leva ao quinto ponto cardeal, que é o centro.

O Leão possui, pois, o atributo do fogo e da direcção, que o leva a um estado de equilíbrio, só alcançável pela união. Além disso, uma vez atingido o centro, o Leão procura alargá-lo, tal como o Sol (seu mestre planetário) se estende sobre todos os astros do sistema solar. Por isso existe neste signo o gesto generoso em potência.

A título de exemplo, tomemos um nativo de Leão como Napoleão (15 de Agosto de 1769). Tem o astro central – o imperador – e todos os astros satélites que gravitam à volta do trono, o sistema central, e que são os seus «irmãos» (Vestefália, Espanha, Nápoles, Holanda, etc.) ou os «primos» do brilhante potentado. Aliás, o seu império caracteriza-se por um período de onze anos – 1804-1815 —, o período solar por excelência e que se encontra em todos os nativos com Sol angular, isto é situado em posição de força num dos ângulos da sua carta astral.

Como o Leão corresponde ao coração, está associado à fé, a maior força que temos e que usamos de modo mesquinho. Os Leões também dispõem de uma grande energia ao nível físico e moral, mas esta força só se desenvolve quando aplicada às grandes causas. E por isso primeiro precisam de acreditar em si próprios. O esplendor e a força do Sol (o ideal) são as roupagens mais preciosas que existem.

O metal do signo é o ouro e o seu punção é uma cabeça de águia, que evoca os valores de primazia e de voo do Leão.

A sua pedra preciosa é o diamante branco com matizes azulados, rosas ou amarelados, mas sempre uma pedra que se destaca pela pureza. O seu símbolo é o amor, também ele tendendo para a constância e pureza.

O Leão une-se de forma natural à expressão deste amor, dado que corresponde à casa V, denotadora dos filhos e do amor. Por esta razão, no *Tarot* tradicional a sua carta representa um Sol lançando os seus raios sobre duas crianças, o que sugere ou simboliza a aliança. É sabida a importância do diamante no anel de noivado; segundo um rito muito antigo, através dele a noiva oferece ao esposo a sua pureza e castidade e este, por sua vez, vota-lhe um amor imaculado e terno. Com a ajuda dos raios solares, a tarefa dos nativos de Leão é suscitar o entusiasmo num grupo humano e levá-lo a adoptar um ideal.

É também de assinalar o número da carta do Tarot que lhe é atribuído, o XIX: representa o Sol e está associado ao ciclo luni--solar de dezanove anos. O XI, a Força (igualmente um número solar) e o 19 são, portanto, os números mais importantes na vida do Leão e são «números da sorte» (além do 5) para o Leão que gosta de jogar.

Os animais deste signo conferem brilho, pureza e nobreza ao seu simbolismo: o cisne, bela ave cuja brancura alegra lagos e reservatórios; o tigre e o jaguar; o leão, «rei dos animais», e todos os felinos, como o gato, que era adorado no antigo Egipto, sem dúvida porque a sua mistura de mutismo e de desdém parece pô-lo a salvo de ligações muito fáceis. O símbolo da águia é também partilhado com o Escorpião, mas as abelhas são particularmente Leão, cujo mel fluido e puro deve a sua riqueza às flores do Verão.

A cor amarela e dourada está associada ao signo, assim como tudo o que é luminoso e dá a impressão de calor e de esplendor: por exemplo, os tecidos nobres como a seda. Tem como flor o girassol, e pense-se na importância desta flor num pintor solar como Van Gogh (que tinha o Sol a meio do céu em Carneiro), cujas telas estão cheias de sóis. Uma época Leão foi o século de Luís XIV, cujo emblema era o Sol.

Não é necessário referir que já não vivemos numa era Leão como a do *Rei-Sol*, mas ainda assim retenhamos esta associação de palavras que evoca o signo, pois os símbolos nunca morrem. Até o palácio de Versalhes é uma criação solar, não tendo sido construído ao acaso como hoje é corrente, pois os astrólogos do rei estiveram na sua origem. O maior deles foi Morin de Villefranche (doutor em medicina, astrólogo de Richelieu, professor de matemáticas no Colégio de França, erudito conhecido em toda a Europa e primeiro astrólogo dos reis de França), que estava no terraço do paço de Saint-Germain-en--Laye quando Luís XIV nasceu e assim, a pedido de Ana de Áustria, traça de imediato o horóscopo do futuro rei. Em conjunto com os arquitectos, os astrólogos orientaram todos os planos do palácio no sentido do eixo do Sol nascente e do Sol poente. Mas muitos outros símbolos menos aparentes jazem ocultos nesta construção.

Na geomancia, o Sol está associado ao mais esplendoroso dos símbolos divinatórios, o «Fortuna Major», «a grande fortuna»; e no *I Ching* está ligado ao dragão celeste. Por isso o Sol reclama empreendimentos nobres e audaciosos aos nativos que protege e inspira. Após ter servido os outros signos, Deus conferiu aos trinta graus de Leão (de Julho e Agosto, quando o Sol transita pelo signo, no momento da culminação da luz estival) dois dos dons mais preciosos, porque nunca rejeitados: a fé e a esperança.

A Virgem

O mito da Virgem está presente em todas as religiões e é o símbolo de um mistério oculto e selado. No Zodíaco, o signo da Virgem precede a Balança, a união, pois a virgindade está antes do casamento expresso pelo signo venusiano da Balança (a procura do equilíbrio). A Balança é o signo da justiça escrupulosa, que pondera todos os seus actos antes da reincarnação, e alguns dos seus poderes residem no indizível que o esoterismo atribui ao signo da Virgem. Em todos os mitos encontramos vestígios deste mistério: foi a Virgem Santa Genevieva que salvou Paris dos bárbaros. É próprio dos mitos denotarem várias imbricações e assim é natural que o mito mariano da Virgem pressuponha todos estes dados: no Apocalipse a Virgem esmaga a cabeça da serpente, cujos poderes maléficos são sinónimo do demónio.

Este signo engloba, pois, um mistério, que consiste num conjunto de doutrinas e de acontecimentos capazes de crescer em pujança, e por esta razão só são acessíveis aos iniciados. Note-se que a Santa Genevieva é uma virgem, patrona de Paris, uma capital tradicionalmente sob a alçada deste signo «mutável» e de «terra» do fim do nosso ciclo. Mas não poderá este mito da Santa Genevieva representar também um futuro?

A Virgem é uma espécie de prefácio aos valores da justiça da Balança e à morte e aos poderes do oculto e do mistério do Escorpião. No mundo antigo, o signo da Virgem estava associado aos mistérios do Elêusis e de Éfeso. Ao nível mundial, este signo ainda hoje rege a Grécia, Creta e alguns países vizinhos.

Quanto aos mistérios, o signo da Virgem representa a necessidade de purificação. Na religião cristã, por exemplo, esta purificação é efectuada por cada pessoa através do baptismo, em que a água escorre pela cabeça (região Carneiro); ou através da extrema-unção, aquando da morte, a qual está associada aos sete mistérios ocultos nos sete planetas tradicionais: Sol, Lua, Mercúrio, Vénus, Marte, Júpiter e Saturno, que governam os sentidos, que são a porta de entrada para a vida – o nascimento – e a porta de saída para uma nova vida – a morte.

«*O padre levantou-se e pegou no crucifixo; ela estendeu o pescoço como se tivesse sede e, colando os lábios ao corpo do Homem-Deus, nele depôs com toda a sua força expirante o maior beijo de amor que jamais dera. De seguida ele recitou o* Misereatur *e o* Indulgentiam, *molhou o polegar direito no óleo e iniciou as unções: primeiro sobre os olhos que tanto haviam cobiçado todos os luxos terrenos; depois sobre as narinas, apaixonadas por tépidas brisas e perfumes amorosos; depois sobre a boca que se tinha aberto para a mentira, que tinha gemido de orgulho e gritado na luxúria; depois sobre as mãos que se haviam deleitado com os suaves contactos; e finalmente sobre os pés outrora tão rápidos quando ela corria para satisfazer os seus desejos e que agora já não andavam.*»

Gustave Flaubert, *Madame Bovary*

A purificação vai dos pés à cabeça ou inversamente, a fim de seguir o simbolismo zodiacal que do Carneiro (a cabeça) ao último signo (os Peixes, os pés) revela a totalidade da manifestação. Ao comentar os mistérios do seu tempo, Pitágoras disse que as almas eram mortais enquanto estavam no corpo humano, como que enterradas num sepulcro, mas que se tornavam imortais quando abandonávamos o nosso corpo. E quando pedem a Platão uma definição de Filosofia, este respondeu: «*É a separação da alma e do corpo.*»

Mas, pela primeira vez, as novas épocas já não sabem reconhecer a necessidade dos mistérios e dão um sentido falso às palavras, às coisas e aos princípios; e quem as professa fá-lo por erro, pois está tão iludido pela matéria que não sabe qual é a verdadeira filosofia. Pela primeira vez na história das civilizações, vivemos numa era que já não compreende a necessidade da purificação. Igualmente pela primeira vez, somos hoje uma civilização sufocada pela decadência e pelos seus próprios erros, violando ao mesmo tempo o corpo – templo de Deus – e a natureza, templo do espírito. Afastámo-nos das leis naturais e adulterámos tudo, a alimentação, a indústria, o ensino, e defraudamos as leis da vida quando sonhamos com a reprodução artificial. Cometemos assim um pecado cósmico, o qual deve ser castigado, como todos os pecados.

A purificação está associada aos mistérios próprios do signo da Virgem e existiu em todas as religiões e civilizações. Releia--se, por exemplo, o mito do êxodo do povo judeu, as interdições moisaicas, a necessidade do jejum na doutrina cristã, ou certas proibições relativas à alimentação na doutrina muçulmana ou hindu. Actualmente, os padres já não se preocupam com a Cidade de Deus: todos os seus esforços são consagrados à cidade dos homens e não se apercebem de que não é esse o seu papel, pois colocam o espiritual, o mistério e a propagação da fé ao nível do temporal; o que está em cima é assim determinado pelo que está em baixo e aquele que comandava e escapava às vulgaridades está agora entre duas mãos que só o prostituem. Não falta muito para que assistamos à profanação dos santuários de que falam as profecias.

*

O hexagrama *Wu Wang*, a inocência, é um dos elementos que a tradição chinesa associa ao signo da Virgem. O trovão (composto de três traços proféticos no trigrama «o Trovão») é a imagem do movimento sob o céu. E quando o movimento acompanha o céu e a ordem das coisas, respeita-se a verdade e a inocência da natureza. E inversamente.

Um outro hexagrama é *Ch'ien*, a humildade, quando as nuvens e a chuva se juntam no cume da montanha que brilha no esplendor da luz. A terra não é geralmente muito elevada mas pode pertencer ao cimo da montanha, à elevação. E é a humildade que conduz ao êxito.

Aliás, e como a define o texto profético do *I Ching*, a verdadeira humildade consiste em renovar as coisas, firmá-las solidamente na ordem natural e conformar-se «à via do céu», o que implica movimento.

O signo da Virgem encerra esta humildade mas também os poderes de análise que levam os nativos a reflectir sobre todas as coisas: a minúcia, o esmero, a modéstia, a precisão, a eficácia e a crítica construtiva. Este signo rege as ciências que exigem um espírito fortemente analítico, como a medicina, a farmácia, a veterinária, a botânica, a química ou até a dietética. A importância do pormenor reside no signo da Virgem.

São vários os símbolos deste signo: em primeiro lugar, os cereais, até porque estão associados ao velho e sentimental costume de que ter trigo em casa traz riqueza [10]; os espelhos, as pequenas figuras de prata, a porcelana, os animais domésticos como o cão e também tudo o que denota brancura (associada às figuras geomânticas do «Albus» e da «Conjunctio»). A Virgem simboliza sempre uma ligação, com o trabalho, com os animais domésticos, com a terra, com o jardim e com os alimentos; mas nunca no plano do amor. Na realidade, as suas capacidades de análise são tão fortes que o amor empalidece face ao seu sentido crítico.

---

[10] É curioso verificar que o trigo também significa dinheiro na linguagem da gíria, mais próxima das fontes populares profundas [é frequente o uso do termo "massa" para designar o dinheiro - *N. do T.*].

Como a minúcia e a habilidade são os principais atributos deste signo, é aconselhável que, paralelamente ao seu trabalho profissional (que tem um carácter de obrigação), os nativos apliquem os seus esforços numa criação pessoal, como tocar um instrumento musical. E não devem perder tempo com perfeccionismos absolutos, que é o seu maior defeito.

A preocupação de pureza é forte neste signo e assim, no plano alimentar, estes nativos serão muitas vezes tentados a denunciar as fraudes correntes hoje em dia e ajudarão os outros a encontrar os elementos de rectificação, de força e de espírito judicioso indispensáveis à saúde.

A Balança

No Zodíaco, o signo da Balança encontra-se em oposição ao Carneiro, a acção, e por isso simboliza o julgamento desta acção. Enquanto o Carneiro rege a guerra, a Balança denota a não violência e os tratados que põem fim à guerra. O signo do Carneiro representa a acção máscula e a Balança, governada por Vénus, encanta e subjuga pelas armas da sedução e da conciliação. Os nativos de Balança são espontâneos, ternos, afáveis, conciliadores mas hesitantes, artistas e diplomatas e têm êxito graças à sua sociabillidade e capacidade de dominar as situações difíceis que à primeira vista desconcertariam os nativos de outros signos. A sua doçura e *charme* fazem deles perfeitos sedutores e a sua inteligência subtil une-os ao Universo (que é a sua fonte passional de ligação e de encanto). Preferem as cores delicadas e ténues, próprias do coração, como o atestam os pintores Watteau ou Bonnarel. Daqui decorre o seu rigor e sentido de justiça.

O símbolo da Balança representa a procura de um equilíbrio e por isso no Zodíaco este signo surge na altura em que as noites e os dias apresentam uma duração e «equilíbrio» exactos. O Escorpião, signo que se lhe segue, pertence às trevas e ao oculto e é a vitória das forças da noite sobre o dia – a luz declinante do Outono simboliza a atracção da alma para o grande enigma oculto e dirige-a para todas as coisas criadas, cujo caminho vai do visível ao invisível.

Baudelaire fala de uma fada que todas as noites se abeira do berço de uma criança e, como já não tem mais nada para conceder, pois todas as outras crianças receberam tudo, procura desesperadamente até que o seu rosto se ilumina e diz à criança: «Concedo-te o dom de agradar.»

Os Balanças também receberam este dom de agradar no seu nascimento. Aos olhos dos outros, parecem ao mesmo tempo entusiastas e ligeiros e a palavra «disponibilidade» caracteriza--os bem. Combinam com tudo o que é *nuance*, mais com os frutos do que com as flores e mais com as realizações do que com as promessas. Deixam o cinzento para os outros, pois o seu céu é azul, ou sabem apresentá-lo assim, o que vem dar ao mesmo. Raramente caminham sozinhos e sabem encontrar a beleza e colhê-la; são companheiros afáveis e agradáveis e conseguem desculpar intuitivamente as fraquezas do parceiro. Não suportam, contudo, a paixão exclusiva e se não encontrarem no parceiro a mesma indulgência que atribuem a si próprios, o casamento arrisca-se a ser uma provação para eles.

Há neles um lado mundano e diplomata e, como o deus da guerra nunca se ligou bem com o deus do amor, estão mais dispostos a desarmar que a dividir. Sabem aliar a sua habilidade ao silêncio, muito importante nas relações humanas, o que os torna enigmáticos e sedutores aos olhos dos outros.

Possuem, pois, um lado algo oriental na sua personalidade e parecem ter vindo de longe, dando a impressão de que podem voltar a partir a qualquer momento. O seu sorriso é o dos homens vividos e indulgentes e a vida é para eles uma bela canção nocturna que até consegue abafar os soluços.

Este grande signo feminino está sob o domínio de Vénus, planeta saído das ondas e que já existia no primeiro dia da vida; a espuma e a madrepérola eram os seus adornos, enquanto torcia os cabelos molhados da sua cabeça dourada. À semelhança deste seu mestre, os Balanças também possuem muita doçura e as suas grandes reservas de força e de paixão servem apenas para seduzir e conciliar. Se estão prontos a concordar, é porque têm em vista a possibilidade da paz e da aproximação e, como detestam a censura, têm tendência para perdoar tudo, excepto a fraqueza ou a mesquinhez.

Estes nativos precisam que os divirtam, pois o que mais detestam é o aborrecimento e as pessoas que os aborrecem, mas sabem integrar-se na diversão com o seu riso, calor e simpatia. E enquanto os outros se multiplicam em actos de defesa, os Balanças são sempre eles mesmos.

Os acontecimentos atrasam-se com frequência no seu destino – o seu signo é já o Outono – mas os seus deuses (do desejo eterno) despertam-nos e animam-nos e dão-lhes a aparência radiosa e nua só possível em sonhos.

Quem pensa que eles são preguiçosos ou negligentes, engana-se; eles são os únicos que sabem que o *charme* terno e subtil pode aproximá-los dos dias passados, por isso um grande *charme* emana deles simplesmente porque sabem encontrar a nota justa.

Raramente estão sós pois destestam a solidão e, assim, são mais dados à amizade e ao amor, verdadeiros irmãos desta Vénus que até seduz os deuses e muito mais os humanos, violentos e fracos. Como os Balanças são indulgentes, confiamos-lhes vários segredos.

Geralmente conhecem gente célebre, pois são dados a receber, embora no âmbito de um pequeno círculo em que o seu *charme* possa funcionar de modo intenso. No entanto, detestam o snobismo e o seu sentido de justiça não tem igual.

Ao nível mundial, a Balança é um signo muito importante, já que o seu significado é a procura de um novo equilíbrio. Como os países também estão marcados por um horóscopo, a Balança é o ascendente da China revolucionária, cujo objectivo era promover um novo equilíbrio mundial – e não podemos condenar esta atitude se tivermos em conta o modo violento e mercantil como o Ocidente interferiu na China durante o século XIX e inícios deste século. O que irá suceder está já inscrito no céu.

O Escorpião

Como dissemos atrás, o signo do Escorpião reina na eclíptica zodiacal no momento em que as trevas no fim de Outubro--Novembro conduzem à igualdade dos dias e do fluxo luminoso que regula o equilíbrio da Balança. O que os místicos chamam de «a noite obscura da alma» corresponde à iniciação, a «descida aos infernos» que precede o acesso a um novo mundo de libertação. Estes dados iniciáticos – cuidadosamente ocultos e que são apanágio deste signo, capaz do melhor e do pior – são ilustrados por diversos mitos, como o de Orfeu, que desce aos infernos com a aquiescência das potências superiores e misteriosas que comandam o nosso destino.

Orfeu não pode olhar para trás senão pode perder a sua amada para sempre. O mundo da iniciação não tem qualquer ligação com o mundo da matéria que, devido à queda cósmica (um princípio que na religião cristã é simbolizado pelo «pecado original»), se afastou do princípio da unidade e caiu para baixo, para os infernos, o lugar onde não existe nenhuma luz. É esta a razão, aliás, por que os infernos simbolicamente se situam no centro da Terra.

O signo do Escorpião é regido por Plutão, o mestre dos infernos, que exprime noções particulares como o combate entre os valores luciferinos da matéria e da decadência – os valores satânicos por excelência – e os valores da luz e da elevação da alma até Deus e à eternidade. Citemos dois mitos que expressam valores iniciáticos: o combate do arcanjo Miguel com Satanás, que fora precipitado para debaixo dos céus (a queda cósmica) ou a luta entre Jacob e o anjo. Somos, portanto, convocados para um dia sacrificarmos a nossa parte animal, a matéria, e por isso o Escorpião é o signo da morte.

De acordo com o *I Ching*, o hexagrama *Po*, o desmoronamento, rege o período do Escorpião, que vai de 21 de Outubro a 21 de Novembro, altura em que a Terra está sob a montanha e os traços sombrios descem, desagregando o último traço luminoso. É a imagem simbólica da casa cujo tecto desaba e cai.

Para conseguirmos captar o sentido deste hexagrama, é necessário que face ao signo do Escorpião haja um signo da matéria, o Touro – daí a dialéctica morte-matéria. A morte da matéria é tão-só a sua desintegração, precisamente com a ajuda do plutónio (metal de Plutão) e com a presença de todos os elementos do ciclo atómico da «ruptura». O termo ruptura sugere um parentesco dramático com as forças atómicas, que ameaçam desencadear-se no final do ciclo.

São vários os símbolos do Escorpião: a obsidiana[11], que denota os influxos benéficos; a mistura de vermelho e negro; o grená; os fragmentos de rocha e de lava. Como pedra preciosa tem o rubi, que lhe confere uma grande força espiritual.

Este é o signo mais sexualizado de todo o Zodíaco e encerra em si poderes que, conforme o seu uso, podem ser perigosos ou benéficos, tal como a sexualidade, que pode dar origem à vida ou arruinar por completo o indivíduo que não a saiba controlar e disciplinar. Estes poderes são simbolizados pela serpente («escorpião» vem da palavra grega *scorpios*, «serpente»). A serpente de bronze criada por Moisés para dar a morte e regenerar remete para estes poderes.

Ao nível mundial, os mesmos símbolos conferem os mesmos efeitos e, sem nos querermos alargar sobre este aspecto, assinale-se que o Escorpião rege os países que, sob um sono aparente, são detentores de forças potentes destinadas à sua regeneração, como os países árabes.

No plano individual, os Escorpiões são orgulhosos, independentes e corajosos, mas o seu agir é fruto de uma profunda paixão que os anima. O seu sentimento de justiça é levado a um alto grau e Plutão (o planeta que os comanda, juiz e regente supremo dos infernos) dá-lhes uma resistência a toda a prova e uma força moral invencível. São rancorosos e apaixonados e querem vencer sempre os seus adversários. O facto de este ser o signo da sexualidade confere-lhes poder magnético e influência sobre os que os rodeiam. Na antiga China, estes poderes enigmáticos e secretos eram representados pelo dragão, animal fabuloso e mítico, que apenas tinha sido visto por aqueles que o enfrentavam.

O signo do Escorpião está entre a Balança (o julgamento) e o Sagitário, a longa viagem que se segue à morte. É legítimo pensar que a purificação (o signo da Virgem) deve vir antes da união ou do julgamento (o signo da Balança), já que os poderes

---

[11] Um símbolo que partilha com o Carneiro.

secretos do Escorpião conduzem à ressurreição. Neste sentido, a escolha dos Antigos recaiu sobre dois símbolos. Por um lado, a serpente, cuja muda anual de pele traduz uma mudança profunda – aquele que obtém uma nova pele e um novo corpo, isto é um novo ser; do mesmo modo, as nossas células vivem, reproduzem-se e morrem constantemente, com excepção das de certos órgãos nobres. Por outro lado, a águia que plana acima da terra e sobrevoa as imensidões: símbolo do infinito e imagem da alma que se desapega da sua existência terrestre e da lama da matéria. O Zodíaco, a roda das vidas, é pois um verdadeiro livro da vida, um profundo mestre que nos obriga a mudar a nossa existência. Aliás, já o Evangelho declarava que não podemos deitar vinho novo em odres velhos.

O Sagitário

Júpiter, pai e rei dos deuses, é o único planeta que rege o signo do Sagitário. E não partilha o seu trono com ninguém.

Na mitologia, são intrigantes as várias transformações de Júpiter, pois tanto se metamorfoseia em cisne como em chuva de ouro ou em rio. Por isso o Sagitário é um signo «duplo», também dito «mutável», pois possui uma grande faculdade de transformação. Rege o fígado, órgão que está na origem de múltiplas metamorfoses (como a função glicogénica descoberta por Claude Bernard) e o sangue, também ele duplo devido aos seus góbulos brancos e vermelhos. Mas há outros elementos que sobressaem na iniciação e assim, depois do mistério e da invisibilidade do Escorpião, o Sagitário é o signo da saída do esoterismo, tal como a Balança (que precede o Escorpião) constituía a entrada. Com efeito, a capacidade de transformação não é exterior ao homem mas, pelo contrário, é-lhe inerente.

Ora, estas características não são contrárias à sensatez. Se repararmos na criança que fomos e no velho que seremos, verificamos que se trata aqui de um futuro já contido no nosso corpo desde o momento do nosso nascimento – a respiração foi o primeiro indicador desta sintonia com o Cosmos, foi o primeiro sinal da nossa união com as formas universais. Há em nós um prodigioso poder de crescimento que ultrapassa o mero aspecto físico: estas transformações físicas são o símbolo do que nos é permitido esperar no plano mental, espiritual e psíquico.

Neste sentido, devemos considerar Júpiter como o «grande benfeitor» dos Antigos. O que Júpiter oferece é ilimitado desde o momento em que soubemos medir os efeitos dos astros: com Mercúrio calculamos; com a Lua reproduzimos; com Vénus seduzimos; combatemos com Marte e crescemos com Saturno. A mesma oferta acontece com o Sol e Saturno. Daí que em todas as cartas astrais Júpiter simbolize o guru (o nome hindu do astro: o guia e mestre espiritual) e a religião, cujo reino – recorde-se – é também ilimitado, já que rege as relações entre o homem e a divindade. O trono do astro situava-se no Olimpo perdido nas nuvens, símbolo das virtudes e poderes do planeta.

Em princípio, todos os aspectos atribuídos a Júpiter tendem a crescer e a beneficiar este signo afortunado. Pense-se, por exemplo, num nativo típico como Churchill, que saía sempre vitorioso quando tudo parecia perdê-lo. O mesmo acontece com os artistas jupiterianos, que escolheram uma arte tão remuneratória como a pintura: enquanto os impressionistas, geniais mas mal-afortunados, não tiveram sucesso porque nasceram sob outras influências astrais e zodiacais, já os jupiterianos como Renoir conheceram o nascimento e o auge da sua glória.

Júpiter regula também as relações entre o homem e a sociedade e daí a sua influência sobre as leis. Tudo o que é lei pressupõe seguir um caminho, por isso antigamente este astro regia as peregrinações, a marcha do visível para o invisível. Estas peregrinações existem em todas as religiões: Jerusalém, Meca, Santiago de Compostela ou Benares, a cidade santa nas margens do Ganges. Com efeito, o Sagitário designa o que está do outro lado da morte, o que, ao nível das nossas vidas diárias, corresponde às viagens. É por esta razão que certos escritores Sagitário produziram obras inspiradas pelo estrangeiro, como Kipling. Ouçamos Emily Dickinson, uma poetisa Sagitário:

*A nossa viagem prosseguia
E estávamos quase a chegar
À misteriosa encruzilhada da estrada do Ser
Que chamamos Eternidade.
O medo apoderou-se dos nossos passos,
Que se tornaram reticentes.
Diante de nós estendiam-se cidades,
E a floresta dos mortos entre elas.
Já não era possível regressar,
Atrás de nós a estrada estava obstruída,
E à nossa frente a bandeira branca da Eternidade,
E Deus em cada porta.*

«Viagem», «encruzilhada», «passos», «Eternidade»... eis os pontos luminosos (ou os seus substitutos materiais) do fulgu-rante itinerário do Sagitário. Citemos ainda estas estrofes desta grande poetisa americana, uma Sagitário típica:

*Como eu não podia parar para esperar a Morte,
Deteve-se ela amavelmente para esperar por mim;
Éramos dois na carroça,
Em companhia da Imortalidade.
(...)
É assim há séculos, mas cada século
Parece mais curto que os dias em que vi
A cabeça dos cavalos voltar-se para a Eternidade.*

O cavalo é um dos símbolos do Sagitário e denotava outrora uma casta. Na Idade Média, a cavalaria (uma criação jupiteriana) tinha por função as relações entre o homem e a sociedade a um duplo nível: por um lado, estava ligada ao poder espiritual; por outro, ao poder temporal. Deram-lhe o gládio e a lança para afirmar essa função.

Como o Sagitário e Júpiter regem as profecias, não causa admiração quando lemos no Apocalipse, o livro profético do Ocidente, que virão «quatro cavaleiros», tendo aqui o cavalo um papel simbólico mas essencial.

São numerosos os símbolos diários do Sagitário: o seu metal é o estanho, a pedra preciosa é a ametista e a cor é o violeta. A quinta-feira também é regida pelos seus influxos *.

Além de reger o fígado e o sangue, Júpiter tem ainda um importante papel na economia do corpo humano. No corpo social, regula o poder legislativo e os homens da lei como os notários, os advogados ou os procuradores; no poder religioso, rege os bispos e os prelados; e rege ainda o poder espiritual e o oculto.

Determina também o plano fisiológico e a classe social, cuja tarefa é curar, uma função que era outrora exercida pelos sacerdotes-astrólogos. Júpiter simboliza a medicina e aqueles que a exercem. Certas plantas estão relacionadas com o mestre do signo, nomeadamente as que providenciam um efeito calmante nos casos de crises hepáticas, hemorragias, icterícia, etc. (ou seja, problemas dos órgãos jupiterianos: o fígado e o sangue): são elas a alfarroba e a alcachofra, que possuem substâncias usadas hoje pela farmacopeia moderna.

O Sagitário prefere as florestas, as dunas, os bosques densos, as alamedas de terra batida e o vasto oceano onde Júpiter se junta a Neptuno, o mestre dos Peixes. Também gosta dos lugares onde o espírito sopra, como as nascentes de água ou as florestas – a nascente reflecte as estrelas e a floresta dirige os seus fustes para o céu. O homem deve aprender a cantá-las e a aguardar pelo espírito.

O Capricórnio

Molière era um nativo de Capricórnio e encontramos traços puramente capricornianos na personalidade de Alceste (*O Misantropo*): altivez, misantropia e gosto pela solidão, mas também o amor que nada consegue afectar, a fidelidade, a

---

* Excepto no português, quase todas as línguas europeias designam a quinta-feira por palavras derivadas do latim «Joves», o dia de Júpiter, donde também vem «jovial». Assim, temos o francês "Jeudi", o espanhol "Jueves", o italiano "Giovedí", o romeno "Joi", o catalão "Dijous", o provençal "Jous", o inglês "Thursday", o alemão "Dienstag", etc. (N. do T.).

honestidade profunda, a firmeza, o sentido crítico, a sensatez, a eficácia, a economia. Foi o próprio Molière quem desempenhou em 1666 o papel de Alceste pela primeira vez.

O Capricórnio é o signo da montanha coberta de neve e simboliza o Inverno da vida, a velhice. Mas para o astrólogo este Inverno não significa «reforma», como geralmente se entende; pelo contrário, é um fim que se alcança. Caminhámos durante muito tempo e aguentámo-nos graças a esforços persistentes; orientámo-nos pela lei divina e respeitámos a lei humana sempre que esta não se afastou da primeira. Foi difícil subir à montanha mas a pouco e pouco chegámos ao cimo, os passos tornaram-se mais lentos e a fadiga fez-se sentir. Mas eis que descortinamos uma neve que ainda ninguém pisou, e como é pura! Eis o cume que alarga a nossa visão e faz as pessoas e as coisas regredir para o seu verdadeiro valor. É aqui, no deslumbramento da noite estrelada ou na ofuscante claridade do dia solar, que podemos estabelecer o diálogo com o infinito.

É esta a razão por que o Capricórnio simboliza a montanha no Zodíaco, que todas as tradições consideram como um local sagrado: lá podemos comunicar com Deus. Da montanha sagrada Fuji-Yama desceu a deusa do Sol que marcou o seu sinal na bandeira do Japão; no monte do Sinai recebeu Moisés as tábuas da lei e quando desceu era «grande entre os homens»; numa montanha foi Cristo sujeito às tentações supremas daquele que foi criado para seduzir e mentir.

Um outro símbolo é a caverna e a gruta sagradas, locais que, aliás, encontramos onde sopra o espírito (Delfos, Lurdes). E não é por acaso que a Tradição fez nascer Jesus numa gruta.

O Capricórnio reina no céu na altura do Natal (a promessa e o advento), ou seja, as forças deste signo podem alterar as coisas. Quer o homem quer a mulher capricornianos são personalidades fortes e aptas a recuperar as forças na solidão, interessando-se criativamente por várias questões, desde a saúde, arqueologia, política, história, estratégia, ciências naturais, até à sociologia, às ciências ocultas ou à arquitectura.

No Natal, a natureza está petrificada sob o frio e às vezes sob a neve. Nada brota das sementes debaixo da terra e tudo parece hostil. Até os pássaros estão mudos e as árvores despojadas (no corpo humano, o Capricórnio corresponde aos ossos e ao esqueleto). Um sono aparente absorve tudo.

Deste modo, o Capricórnio corresponde à velhice e ao aparente fim do mundo. Mas a seiva ainda corre sob a casca e os homens, livres dos trabalhos agrícolas, podem então reunir--se à volta do fogo do serão para aprenderem com a experiência dos Anciões.

Na realidade, o Capricórnio tende para a meditação. Outrora meditava-se sempre que acontecia algo de sério na vida. Assim, e antes de se tornar cavaleiro, o escudeiro permanecia em meditação durante toda uma noite, na grande solidão da igreja romana, e de manhã, quando a luz das estrelas fora já substituída pela claridade solar que se alongava por debaixo das portas de castanheiro, era o momento de acabar as orações, depois de se ter fortalecido com elas.

Saturno tenta sempre disciplinar e purificar e este mestre do Capricórnio pode ser quebrado, tal como os próprios ossos se quebram, e então é impossível qualquer movimento. Esta é uma lição necessária, pois ensina a sermos pacientes, a esperar e a reflectir.

Na astrologia, Saturno está associado ao conhecimento ou ao poder, dado que o cume da montanha é, com efeito, o ponto mais próximo do céu. O conhecimento passa pelo estudo das leis formuladas a partir da observação dos astros. Os grandes saturnianos como Kepler, Tycho-Brahé ou Newton foram astrólogos; igualmente Morin de Villefranche e Paracelso. A verdadeira ciência é o resultado de uma grande paciência e da fé do homem – testemunhou Pasteur, também ele nativo de Capricórnio.

Esta paciência encontra-se também nos nativos do signo que se dedicaram à arte, como Cézanne ou Utrillo – o tema da montanha ou da neve é muito frequente nas suas obras —, que só tardiamente conheceram a notoriedade, precisamente na idade de Saturno, na velhice. O mesmo acontece na literatura, como com Léautaud.

A obra saturniana por excelência nasce das memórias, dos diários (Marne de Biran, Joubert, La Rochefoucauld, Saint--Simon), da história (Augustin Thierry, Michelet), da filosofia ou da metafísica (Schopenhauer). Podemos caracterizar o nativo capricorniano como alguém que vai ao fundo das coisas, como um pensador dedicado ao estudo das primeiras causas, ou seja alguém que possui sentido da organização.

Segundo a mitologia, Saturno desceu à Terra e introduziu a idade de ouro e a agricultura no Lácio.

Como o Capricórnio é um signo «de terra», Saturno governa os jardineiros, os horticultores e as ocupações afins. Existe em todos os saturnianos um amor cioso pela terra, do que é bom exemplo Konrad Adenauer, nativo de Capricórnio, homem político e paciente jardineiro das suas rosas.

Os elementos associados ao Capricórnio são o heléboro, o feto, o verbasco, a beladona, a hera (que serve de emblema à fidelidade do casal), a salva, o musgo, o rosmaninho, a mirra. Como árvores tem o salgueiro, o pinheiro, o teixo e o cipreste. Ainda tudo o que é melancólico e que pela sua folhagem sugere o renascimento e as longínquas margens aonde aportaremos após a morte. Dante, muito determinado por Saturno, falou desta viagem simbólica.

Os seus animais são o urso (símbolo de força e prudência), o mocho e o corvo (símbolos de clarividência e de poderes sobrenaturais) ou o elefante (a sabedoria aliada à força).

As doenças ocasionadas por Saturno estão relacionadas com a obstrução ou paralisia de uma função, como sejam as doenças ósseas: tuberculose das vértebras, surdez, hérnias, problemas dos dentes, fracturas do joelho, doenças da bexiga ou da próstata, anciloses ou até resfriados.

Para restabelecer o seu temperamento, os nativos saturnianos devem socorrer-se da homeopatia, cujo princípio é curar o mal com o mal. A lista dos remédios deste astro é numerosa: *Agraphis nutans, thuya, Rhux toxicodendron, Alumina, Berbéns, Solidago virga, Plumbum* (o chumbo é um metal de Saturno e, aliás, chama-se «saturnismo» à intoxicação por ele causada); são também eficazes os cataplasmas de argila (como, aliás, em todos os signos «de terra»).

O Aquário

O Aquário é um signo de ar e corresponde às galáxias, dando origem a duas formas de conhecimento: uma destinada apenas a modificar a matéria e o «ambiente» e outra que se submete ao espírito que governa a matéria. Esta segunda forma é a única que devemos procurar atingir.

O símbolo do Aquário é composto por duas linhas paralelas onduladas que são a representação hieroglífica do signo de água, a eterna imbricação das energias *yin* e *yang*, o «novelo» do Tao. Este símbolo denota os caminhos-de-ferro, os carris, as vias paralelas, as pontes, as escadas, os fios eléctricos, as ondas electromagnéticas, a televisão, etc.

O metal do Aquário é o urânio e por isso entra na composição da bomba atómica. Úrano não é, como Plutão (que rege Escorpião), o planeta-mestre da morte, da metamorfose e da sexualidade, mas um astro violento cuja acção explosiva conduz os nativos a decisões que podem parecer contraditórias mas que frequentemente têm por objectivo uma revolução. Úrano dota os nativos de Aquário de uma forte originalidade e anima-os a procurar o aperfeiçoamento e a renovação e a preocuparem-se com a colectividade, a cidade e a política. É normal que na vida destes nativos haja importantes mudanças aos 42 e aos 56 anos. De um modo geral, há alterações todos os sete anos, que é o lapso de tempo que Úrano leva a mudar de signo no Zodíaco.

O Aquário é fraternal e humano, mas muito impulsivo. É capaz de criar mas dificilmente controla a sua energia, avançando aos empurrões mas fazendo nascer ideias e simpatias à sua volta. As suas relações com os outros estão dominadas por esta impulsividade, à qual aliás deve as suas concepções originais e a sua recusa da banalidade.

Gosta de pertencer a um grupo e os sucessos sociais são garantidos. Sabem povoar a sua solidão com a sua imaginação fecunda, apreciam as soluções novas – são inventores natos – e possuem um apurado sentido do que é humano, procurando a mais ínfima parcela de verdade onde quer que ela se encontre, pois encaram a verdade como uma fonte de luz e pensam que, se todos a acendessem, o mundo inteiro iluminar-se-ia e transformava-se.

No Zodíaco, os nativos de Aquário são os que têm mais amigos e mais sorte; não devem pois hesitar em alargar o seu círculo de relacionamentos. Os clubes e as sociedades dependem deste signo e a política anima-os de intenções ardentes, embora na prática não as consigam realizar imediatamente. O Aquário tende para idealizar tudo e por isso falta-lhe realismo. Nenhum signo é tão dado ao excesso, excepto o Escorpião, também muito uraniano, já que este astro está em dignidade e em posição de força neles.

Os aquários são também privilegiados no trabalho, pois encontram sempre os apoios e os conhecimentos de que necessitam. As ideias novas seduzem-nos e, como possuem capacidades de organização para as coisas novas, são os nativos menos rotineiros de todos. Com eles, a vida é sempre uma aventura. Do mesmo modo, o amor só é concebível num clima de independência e de fantasia. Dão-se melhor com os amigos do que com os familiares e todos lhes perdoam o pecado do egoísmo.

No Zodíaco, o Aquário é o signo da cooperação, daquele que constrói a futura sociedade dos homens e mulheres de boa vontade.

Os Peixes

O signo dos Peixes é o último do Zodíaco e assim um génio estranho habita os seus nativos. As suas aspirações e gostos são geralmente fora do normal, o que é aliás próprio dos peixes: não é o peixe o emblema do mistério porque não consegue comunicar connosco? Não partilha do nosso elemento aéreo e vive onde nos separamos dele. Semelhantemente, o comportamento dos nativos é caprichoso e incerto; às vezes é intuitivo e genial e apoia-se mais em pressentimentos do que em bases lógicas e racionais.

O nativo de Peixes está sobretudo ao serviço de uma colectividade e daí a razão porque muitos são médicos ou enfermeiros, dado que o hospital é um desses serviços sociais. Algumas pessoas acusam-nos de falta de espírito de iniciativa e de serem um bocado indecisos, mas isso talvez se deva ao facto de ouvirem várias vozes, todas elas cheias de coisas ocultas aos olhos dos outros. Na verdade, os Peixes não gostam das manifestações grandiloquentes e preferem a persuasão à força; mas conseguem penetrar no mundo do conhecimento.

Se os Peixes estão ao serviço dos outros, é porque se situam no limite de dois mundos, tal como o peixe está entre duas correntes de água ou entre a superfície e as profundezas. Este nativo é sempre um intermediário, um médium, e apesar dos obstáculos alcança sempre a fecundidade e a fé, os dois elementos que são a base do seu génio. Esta fé é uma parcela da luz que nos foi concedida entre a obscuridade do nascimento e o infinito da morte. Por isso o nativo Peixes é frequentemente um místico sem o saber. Ouçamos Victor Hugo, nativo deste signo:

«*E eu gritava: – Raio de luz,*
Oh! Diz-me só qual é a primeira acção
Que preciso de fazer aqui em baixo para que a porta se abra –
Então, tal como o horizonte surge pela manhã,
Indicou-me o oriente que se avermelhava
E nele li estas duas palavras na claridade: Aqui Jaz.
O Anjo apontou para o céu e vi Deus.»

Victor Hugo, Deus

Como nadam em sentido inverso um ao outro, os Peixes exprimem um mundo de mistério, de intuição e de riquezas adormecidas. Haverá mundo mais secreto que o império de águas ilimitadas de Neptuno? Por conseguinte, Neptuno expressa todas as possibilidades do destino destes nativos. Este mundo de sonho e de actos ocultos, cujo significado está mais além do que o mero sono psíquico, é o do detective, do psiquiatra e do médium. Os Peixes podem portanto situar-se no limite de dois universos: um ilimitado (e daí as vocações de astrónomo ou até de astrólogo) e outro limitado (a prisão, a ciência, a química, a farmácia).

É comum na astrologia estudar-se a dialéctica dos signos através da sua oposição aos outros signos, seus parceiros, complementos ou «cônjuges». A Virgem (o racionalismo) é o signo oposto a Peixes, sendo este a fé, o seu extremo.

Este signo dual e duplo denota o peixe como a imagem da alma que regressa ao Universo pela porta da morte; e o peixe que se movimenta em sentido inverso é a futura reincarnação e passagem da alma para o nosso universo. É uma dupla corrente, universal e eterna, que se exprime pela matéria que nos subjuga.

Sendo o último signo e de água, os Peixes simbolizam a água sacramental que baptiza e salva, tal como o oceano foi o meio donde tudo partiu e aonde tudo regressará. Os mitos associados a este signo ajudam-nos a compreender o mistério do elemento oculto e do poder sagrado da água, veículo e cruzamento de energias: seiva, chuva, sangue, esperma ou leite, a água é sempre uma substância dotada do poder de mudar e de transformar.

Simbolicamente, a multiplicação dos peixes por Cristo, e ainda a dos pães, significa o poder de transmutar e de modificar tudo. O mesmo acontece com a comunhão, já que comungar (o acto de partilha do pão com outras pessoas) é mudar os laços que nos ligam ao Cosmos e às pessoas e substituí-los por novas alianças fundadas no conhecimento e no amor.

A Virgem é o signo do trigo e exprime a colheita, o pão, o fermento e tudo o que é tangível. Os Peixes, por seu lado, representam o que é ilimitado e existe longe de nós. O seu oceano possui assim um valor germinal e neles as ondas do conhecimento e da aproximação estão juntas para sempre.

Do mesmo modo que os peixes se escondem no meio marinho, também estes nativos se esquivam à análise e mergulham no marulhar de um universo inteiro, aproximando-se do êxtase e da piedade. Compreende-se assim porque é que este universo conta com personalidades como as de Edith Cavell (a informação, o véu da noite), Bach (a música e o diálogo com a sensibilidade), Miguel Ângelo (pintor do dilúvio cósmico, da nova aliança e do juízo final), Einstein (a preferência pelo infinito do Cosmos em vez do que é terrestre, finito e limitado).

*

O hexagrama chinês correspondente ao signo dos Peixes é *T'ai*, «a paz», que também está associado ao signo da Balança, com o qual revela algumas afinidades. *T'ai* é constituído por dois trigramas: a terra em cima é figurada pelo trigrama de dois traços quebrados, que expressam a abertura da terra para deixar passar as energias das águas que originam a fecundação; em baixo, o céu, feito de três traços masculinos, simbolizando um tempo de concórdia social e de harmonia comungado por todos. *T'ai* é também tradicionalmente associado ao primeiro mês (na China, o ano começava outrora por este hexagrama) e ao período Fevereiro-Março dos Peixes.

Durante este período em que as forças naturais estão em concordância com as leis do céu, dá-se a preparação de um novo ciclo, a Primavera, que trará a todos os seres a força do Sol e dos astros. Neste hexagrama, o princípio luminoso associa-se ao céu e situa-se numa posição que confere um crescimento contínuo aos nativos Peixes. A simbologia do hexagrama remete para o facto de que ao arrancarmos uma planta do solo, também arrancamos as suas raízes. Tudo está estreitamente ligado. E quando a luz conduz ao despertar, influencia todos o seres.

Os chineses têm uma metáfora para designar os períodos de decadência: «O muro da cidade que desaba sobre o fosso donde fora retirada a argila que o modelara.» Por isso, a esses momentos deve-se opor uma resistência tenaz apoiada nos princípios. Para lutar pela paz, convém «proclamar as ordens na nossa própria cidade». Encontramos aqui a antiga ideia do aperfeiçoamento de si próprio; e mesmo que o mal pareça estar a progredir, podemos sempre lutar no nosso interior e procurar a perfeição. Não é permitido qualquer desespero.

*

Os símbolos associados aos Peixes são a cor malva, o violeta e o azul-marinho, cores que têm um efeito sedativo. Os Peixes necessitam em particular de calma e de paz, já que a ansiedade os torna muito sensíveis ao ambiente. Assim, certas pedras semipreciosas têm neles um papel apaziguador, como a opala ou a pedra-lunar. As pérolas e o coral são também regidos por este signo.

Quanto aos elementos da vida quotidiana, refira-se o comércio, sobretudo relativo a bebidas e à hotelaria; ainda os ambientes marinhos e aquáticos, os canais, as praias, a beira-mar, os institutos de talassoterapia, os viveiros, os moinhos, as cisternas, as vinhas, as nascentes, os regatos, as plantas marinhas, os fetos, os musgos, etc.

A escultura e a música são dois dons próprios deste signo. É elevado o número de Peixes que são músicos, como Ravel. A música está associada à fé e representa um impulso comunicativo do homem com o divino. É pela música (Neptuno, regente do signo) que o homem se apropria das harmonias que governam o devir celeste; por ela descobrem também o caminho que vai da ansiedade à fé.

5

Os astros.
O seu significado astrológico

Recapitulação dos signos zodiacais

Por si sós, os signos do Zodíaco não têm qualquer efeito e são inertes, e por isso a astrologia dá primordial importância aos astros, pois só estes lhes dão vida.

Esta primazia dos signos é uma consequência da prática astrológica de imprensa de agrupar todos os nativos do mesmo signo, um procedimento que naturalmente não possui qualquer fundamento de verdade, já que os signos apenas obedecem à acção dos seus mestres planetários.

Tal como as letras do alfabeto nos permitem escrever uma peça de teatro, um relatório científico, um romance ou uma simples carta, ou ainda exprimir o amor, o interesse ou efectuar uma compra ou venda, também os dez astros, os doze signos do Zodíaco e as doze «casas» possibilitam uma vasta sinfonia que engloba o mundo inteiro, o macrocosmos e o microcosmos. Aliás, estes 34 denotadores estão associados ao conjunto do organismo humano e aos aminoácidos que determinam a nossa vida terrestre.

O Carneiro ♈ é o primeiro signo do Zodíaco, símbolo da força e do ímpeto, e é regido por Marte. Nele o Sol está em exaltação e Vénus e Saturno em debilidade. Os valores masculinos de impulso, de iniciativa e de ímpeto estão desenvolvidos nele. Inversamente, a perseverança, a maturação e o tempo encontram-se entravados.

O Touro ♉ é o segundo signo e exprime a construção, o crescimento e a riqueza. É governado por Vénus e nele a Lua está em exaltação e Marte e Plutão em debilidade. Nesta altura do ano, a circulação da seiva expressa a tendência natural para o crescimento e para o lucro. Os valores de evolução, metamorfose e espiritualidade pertencem ao signo oposto do Escorpião, e por isso estão intimamente contidos no Touro.

Os Gémeos ♊, terceiro signo, são comandados por Mercúrio, cujas influências são visíveis no desdobramento, na inteligência e nas faculdades de ligação e de multiplicação. Júpiter está em debilidade neste signo e simboliza a sabedoria e as faculdades de meditação, de unidade e de concentração.

O Caranguejo é o quarto signo e exprime o fluxo e refluxo, a família, o lar, a pátria, a colectividade de que fazemos parte. A Lua e Júpiter estão nele em dignidade e Saturno e Marte em debilidade. O seu símbolo representa as ondas: ♋ .

O quinto signo é Leão e o seu símbolo é ♌, representando o fulgor, a firmeza da fé e dos ideais, o amor e as obras. Tem por mestre o Sol e nele Neptuno está exaltado; já Úrano e Saturno estão em debilidade.

O emblema da Virgem é ♍ e representa as ansas intestinais. Tem por função servir, criticar e dividir, mas é também o mistério por descobrir, a purificação e a pormenorização. Mercúrio reina aqui como mestre soberano e Júpiter e Vénus estão em exílio e queda, ou seja, em debilidade.

A Balança ♎ marca o meio do Zodíaco e é a reposição do equilíbrio, seja pelo julgamento ou pelo amor, o que explica a sua regência planetária, a cargo da amável Vénus. Em debilidade estão o Sol e Marte, planetas de acção e da imposição da vontade, mesmo que isso custe um momentâneo desequilíbrio.

O Escorpião ♏ representa o triunfo dos valores subterrâneos e invisíveis, repletos de riquezas ocultas apenas alcançáveis pela travessia do inferno, ou seja, através da morte que separa a natureza humana da natureza divina, uma iniciação que só se obtém por meio de «mistérios» também ocultos. Os seus mestres incontestáveis são Marte e Plutão que, após a noite no túmulo, conduzem de imediato à decadência tudo o que está prometido à reincarnação e a uma nova luz. Neste signo nocturno, tenebroso e possante, a Lua e Vénus, o crescimento, o corpo material e matricial e a união pelo amor estão afectados.

O Sagitário ⇀ é o signo da reflexão sobre tudo o que parece estranho à primeira impressão – a filosofia – e sobre o que está afastado de nós. É o signo do ensino e do desporto, da diplomacia e das viagens. É um signo duplo e os seus elementos contraditórios são simbolizados pelo centauro, ao mesmo tempo humano e animal. O seu símbolo é uma flecha atirada para o espaço e nele Júpiter está em dignidade e Mercúrio em debilidade.

O Capricórnio tem por emblema a cabra, que trepa pela montanha em direcção ao cume. Por conseguinte, este signo implica uma ascensão e um esforço para atingir os últimos dados circunscritos ao poder e ao conhecimento. Tem por símbolo ♑ e o seu mestre planetário é Saturno, estando a Lua e Júpiter em debilidade.

O Aquário ♒ é formado por dois traços ondulados, identificados com a imagem egípcia da água. Este símbolo condensa as energias que governam o espaço e rodeiam a Terra para formar a vida. As ondas que regem este signo de ar provocam a união – ou a desunião – conforme o aspecto de Úrano, planeta-mestre do signo. Aqui, o Sol e Neptuno estão em debilidade.

O símbolo dos Peixes ♓ figura dois peixes unidos por uma corrente. É o signo de Neptuno, da riqueza que se expande por todo o universo. Os seus mestres são Neptuno, Júpiter e Vénus, que governam o amor e a piedade, o êxtase e o perdão. Mercúrio encontra-se aqui em debilidade e assim, segundo as leis lógicas da multiplicação e da divisão, a inteligência não consegue compreender o Cosmos.

São estes os signos do Zodíaco que, repetimo-lo, só agem em virtude dos seus mestres planetários, e por esta razão na astrologia também se chamam «regentes». Exemplificaremos estes aspectos quando iniciarmos os leitores na técnica astrológica.

Os astros

Os astros encontram-se dispersos por todos os signos, quer seja numa carta astral pessoal ou colectiva, e por isso não significa nada dizer-se que se é «Leão» ou «Escorpião». O mesmo já não acontece se dissermos que somos «saturnianos» ou «sola-res». Qualquer planeta angular, isto é, situado nos ângulos dos astros (as casa X, I, VII e IV), marca fortemente o titular da carta astral assim personificada.

Antes de falarmos dos astros, sublinhe-se que os corpos celestes que fazem parte do nosso sistema solar são todos denominados planetas, mesmo o Sol, o luminar principal. O seu a seu dono. Comecemos por ele.

O Sol ☉

É representado por um ponto no centro de um círculo e simboliza a vontade, que na astrologia é o principal factor do êxito (indiciado pela sua presença ou ausência). Esta vontade pode ser ilimitada e neste caso o círculo adopta as dimensões do infinito. Através deste signo a astrologia exprime também a vontade universal de Deus, dado que esta figura geométrica não tem começo nem fim. Além disso, todos os pontos da circunferência estão a igual distância do centro. Para Deus não existe nenhuma circunstância determinativa e por definição tudo se submete à sua vontade e acção.

Esta primazia do Sol aparece em todas as religiões primitivas e identifica-se com o sexo masculino. Pela sua posição e aspecto numa carta astral feminina, o Sol informará o astrólogo sobre o homem (ou homens) que terão importância na vida da nativa (como pai, marido, etc.).

Ao Sol atribui-se analogicamente as funções mais importantes (como as cardiovasculares) e também o metal mais precioso, o ouro. A analogia permite ao astrólogo determinar logicamente todas estas definições indispensáveis na prática diária.

Seria útil relembrar aqui que os anos associados a certos ciclos solares – nomeadamente às manchas que afectam o astro central – revelam um recrudescimento dos acidentes cardiovasculares. Observações médicas e estatísticas rigorosas puseram em paralelo este papel do astro e as lesões do órgão (um facto que a astrologia sempre associou ao Sol).

Aos olhos da astrologia, o Sol rege também as faculdades conscientes – em primeiro lugar a vontade, como atrás dissemos – e simboliza a divindade que comunica connosco apenas pela luz celeste. Há pois uma linguagem dos astros, a única que nos permite aceder à verdade [12].

A Lua ☽

Toda a vida terrestre, desde os movimentos das águas até à flora, está ligada aos eclipses e aos movimentos recíprocos da Lua e do Sol, o que naturalmente justifica a importância que o astrólogo lhes confere, pois são «os dois luminares». A Lua corresponde ao sexo feminino e à mulher. No caso de um homem, é pela análise dos aspectos e da situação deste astro na carta astral em questão que se obtêm informações sobre as suas relações com as mulheres. A lunação de 28 dias rege igualmente a reprodução feminina e os períodos determinantes para a fecundação. Enquanto o Sol é um astro de fogo e tem o seu trono (a sua dignidade de domicílio ou de exaltação) nos signos de fogo – Leão e Carneiro —, a Lua é um astro «húmido» e a sua força reside assim nos signos de água (o Caranguejo) ou nos de terra (o Touro), aliando-se harmoniosamente à terra para propiciar o crescimento. A água cobre a terra de verdura quando o Sol transita pelo signo do Touro em Abril-Maio. Conforme os aspectos, a água e a terra podem formar a lama ou possibilitar uma construção harmoniosa e ideal.

As fases da Lua estão, aliás, associadas às quatro estações determinadas pelo astro solar e que alternadamente dão predominância a um dos quatro elementos: à humidade na Primavera, ao calor no Verão, à seca no Outono e ao frio no Inverno. A astrologia greco-romana ocupou-se especialmente

---

[13] Confira-se com Platão: «*O estrangeiro ateniense: se é verdade que a alma gira à volta de todas as coisas, não poderá ela também gravitar o Sol, a Lua e os outros astros individualmente? – Clínias: Certamente!*» (Platão, *As Leis*).

destas questões essenciais a fim de interpretar o par, simbolizado na carta astral por relações recíprocas da Lua e do Sol.

A Lua representa também o lar, a família, a mãe e a popularidade. Cada astro rege um ou mais órgãos e os que estão sob a influência lunar são o estômago e as funções digestivas.

Mercúrio ☿

Se a mitologia colocou asas nos pés de Mercúrio, foi para indicar a sua natureza instável e rápida e as funções de relação. Mercúrio multiplica ou divide, é o símbolo da inteligência e da curiosidade. Como todos os astros regem uma idade planetária, Mercúrio governa a infância e a adolescência. Por tal razão, o seu metal é analogicamente o mercúrio, que representa uma mudança, pois não ocupa um lugar definido por muito tempo; o mercúrio é usado como solvente em várias operações químicas e na extracção de metais preciosos. O ouro é um metal solar e é incorruptível; a prata é um metal lunar que se unia ao ouro segundo ritos precisos que serviam para evocar o carácter unido e complementar do par humano. O mercúrio é hermafrodita e os astrólogos da Antiguidade atribuíram à adolescência (idade mercuriana) este carácter de hesitação e de disponibilidade (aspectos que lhe são próprios, como a experiência o comprovou, aliás).

Dependentes de Mercúrio temos os órgãos através dos quais estabelecemos laços com aqueles que nos rodeiam (como os pulmões) ou que nos permitem comunicar com o meio ambiente e escolher ou rejeitar (como os intestinos). Aliás, são ambos órgãos duplos, pois Mercúrio possui este carácter de dualidade.

Como tudo se une a tudo, há países influenciados por este astro, nomeadamente os Estados Unidos, cuja carta astral de independência tem ascendente Gémeos, signo mercuriano. Esta dualidade é aqui visível: poder central e poder dos Estados, Norte contra Sul, brancos contra negros, etc. Uma outra dualidade, desta vez linguística, existe na Bélgica, país cujo signo solar é mercuriano, mas não no ascendente. Refira-se ainda que Mercúrio é consultado pelos astrólogos que querem conhecer a inteligência do nativo, as suas possibilidades de relacionamento e de boa vizinhança e os seus dons para as ciências humanas.

Vénus ♀

A bela Vespes dos Antigos, deusa do amor, também conhe-cida sob os nomes de Afrodite, Ishtar ou Astarteia, presidia outrora aos mistérios da morte e da ressurreição do Elêusis. Devido aos signos que rege (o Touro e a Balança), Vénus é o planeta da incarnação e do julgamento, o que explica esta primazia sobre os mistérios antigos.

Se o Sol e a Lua representam o par de esposos e o amor purificado que desagua num lar e na criação de uma família, já o casal Marte/Vénus simboliza o par de amantes, os amores apaixonados e magnéticos. Os laços fisiológicos de Vénus dizem respeito aos órgãos que servem ao equilíbrio do organismo (como os rins, por exemplo) ou às características que podem levar à sedução carnal (como a voz ou a tez). Numa carta astral, consulta-se a Lua para sabermos as possibilidades amorosas do nativo, os seus dons magnéticos, a relação que terá com o amor e a sua sedução.

Marte ♂

Marte é outro denotador passional e, para os antigos Caldeus, era Nergal, sangrento deus da guerra e da morte. A luz vermelha do planeta está associada aos glóbulos vermelhos, que ele rege; também governa a agressividade, a cabeça, o cérebro e as hormonas masculinas. No caso de uma carta astral feminina, informa sobre o homem amado e na masculina sobre as capacidades de iniciativa.

No campo astronómico, a cor avermelhada do planeta evoca o sangue que Marte denota astrologicamente. O seu metal é o ferro, próprio para os combates.

Júpiter ♃

É o maior dos planetas do sistema solar e está associado ao

fígado (o órgão mais pesado do corpo humano) e a Deus, pai dos deuses e dos homens. Júpiter reina sobre as leis, a medicina e a religião. Como é o primeiro planeta «pesado» (rotação lenta oposta à dos planetas rápidos como Mercúrio, Marte ou Vénus), representa uma primeira iniciação. É verdade que antigamente as leis, a medicina e a religião estavam fora dos conhecimentos comuns e pertenciam à Tradição, ao céu. Assim, na Antiga China, o corpo humano era dividido em 360 partes, correspondentes aos 360 graus do Zodíaco: pelas leis da acupunctura, a energia passava nos meridianos (as linhas imaginárias de influência), conforme a altura do dia ou da noite. A ciência moderna negou estes factos até que surgiu um aparelho que permitiu diagnosticar a diferença de potencial entre meridianos e outras partes do corpo, tendo-se comprovado experimentalmente as velhas leis fisiológicas associadas à antiga cosmogonia astrológica chinesa.

Saturno ♄

Saturno é o segundo planeta pesado e possui um brilho lívido e plúmbeo, e por isso rege o chumbo, um metal que se opõe à radioactividade, como bem o sabiam os astrólogos caldeus muito antes da ciência moderna. Na sua história mítica, Cronos (outro dos nomes do astro) devora os filhos. Na astrologia, este planeta denota o destino e o êxito ou fracasso; também comanda a velhice e ao nível fisiológico os ossos. A sua influência é ainda patente na montanha e na neve de Inverno, no conhecimento, na autoridade e poder. Quando o Sol transita em Janeiro pelos signos de Aquário e Capricórnio, os homens estão livres do trabalho agrícola e podem dedicar-se ao estudo dos mistérios da Natureza.

A linguística também reflecte estes dados. A autoridade não se divide e exige a solidão, tal como o faz o monarca ou o monge, reinando um sobre os seus súbditos e o outro sobre as suas paixões e instintos. Acrescente-se que «monge» ou «monarca» derivam de uma raiz comum grega – *monos* –, que significa «sozinho», um significado associado à solidão saturniana (toda ela concentração, meditação e pujança intelectual, moral ou volitiva).

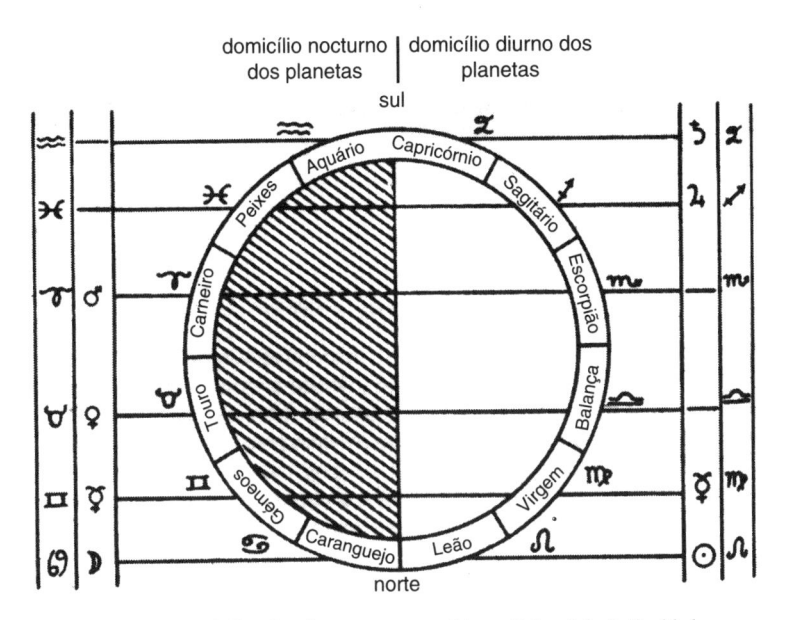

Fig. 6 - Os domicílios dos planetas no septenário tradicional da Antiguidade.

A astrologia baseia-se no facto de que os astros estão em dignidade ou debilidade (também se diz «em detrimento») em certos signos do Zodíaco. O quadro atrás apresentado permite verificar a subtil arquitectura que preside a estas noções inalteráveis, que se revelam indispensáveis para a prática astrológica quotidiana. Assim, é evidente que Marte (que preside à guerra) está mal situado em Balança, que representa a concórdia, o amor e a procura do equilíbrio. Colocar a espada em cima da Balança não é a melhor maneira de se chegar a um acordo (a Balança é o signo dos tratados e dos acordos). O mesmo com o Sol, símbolo da vontade do eu em «queda», já que está em debilidade neste signo do julgamento. O julgamento requer uma vontade imparcial e a renúncia à acção individual, aspecto que o Sol faz precisamente prevalecer.

Como esse quadro mostra, os astros influenciaram todas as civilizações tradicionais como Roma: havia o dia de Marte, de Mercúrio, de Júpiter, etc., como ainda hoje as línguas

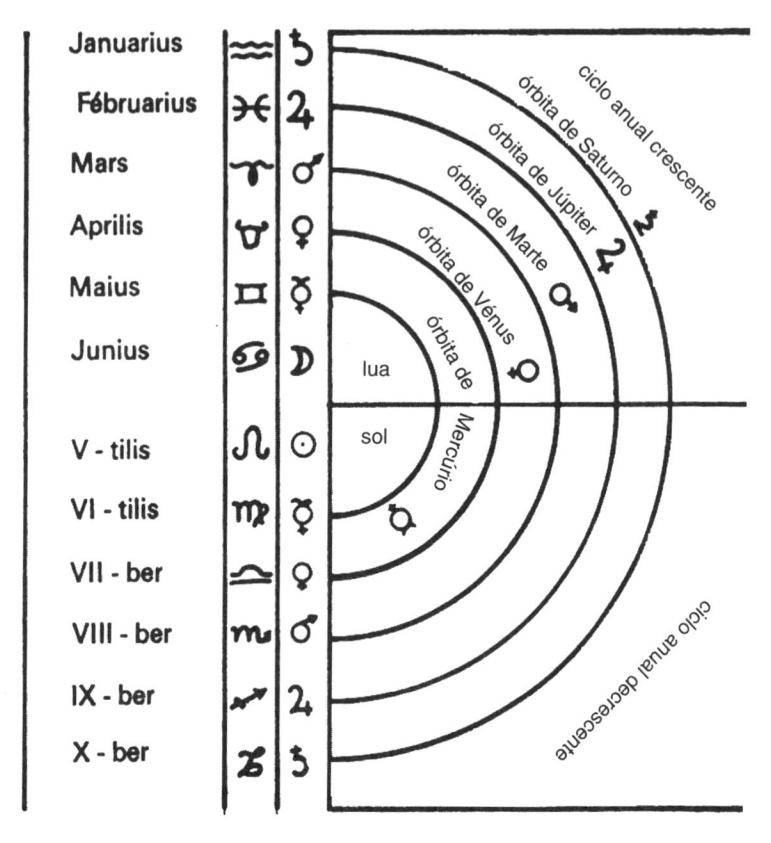

Fig. 7 - Calendário romano estabelecido pelos astrólogos romanos, os «Pontífices».

novilatinas o testemunham*. Em todas as civilizações o calendário e o cálculo do tempo foram obra de astrólogos e só na nossa época de materialismo é que a sociedade se afastou do céu. As consequências serão irreversíveis. O nosso planeta não pode voltar atrás, pois progride no espaço segundo leis de uma perfeição tão formal que o génio humano derivou as matemáticas delas.

---

* Em francês, respectivamente, "Mardi", "Mercredi" e "Jeudi"; em espanhol, "Martes", "Miércoles e "Jueves"; em italiano, "Martedî", "Mercoledî" e "Giovedî"; em romeno "Marti", "Miercuri" e "Joi"; em provençal, "Dimartz", "Dimercres" e "Jous"; em catalão, "Dimarts", "Dimecres" e "Dijous", etc. (N. do T.).

Esclareceremos melhor estas questões de regências planetárias quando iniciarmos o leitor na técnica astrológica, que se funda sobre um raciocínio lógico rigoroso. Mas sublinhe-se desde já que a astrologia é uma ciência formal decalcada do universo que se propõe ler. Assim, numa carta astral de nascimento, os cálculos são feitos a partir do segundo arco mais próximo, e estes procedimentos não são nenhuma teia de absurdos como o afirmam os seus detractores, que certamente nunca se dedicaram a esboçar qualquer carta astrológica. As leis desta ciência encontram-se em todas as cartas astrais e são um corpo doutrinário de uma prodigiosa riqueza que só pede curiosidade de espírito e boa vontade para revelar os seus fogos cintilantes ao observador, ao questionador e ao futuro iniciado.

Os planetas trans-saturnianos

> «Assim, aos homens livres restam precisamente três objectos de estudo: um deles é o cálculo e tudo o que tem ligação com os números; um segundo é a medida das extensões, das superfícies e dos volumes; quanto ao terceiro, é o estudo das revoluções dos astros em relação uns com os outros e com a sua velocidade natural.»
> Platão, *As Leis*

O mundo planetário que acabámos de delinear abreviadamente é um mundo tradicional e corresponde ao que chamamos o septenário: juntamente com os luminares Sol e Lua, Marte, Mercúrio, Vénus, Júpiter e Saturno formam um conjunto coerente de sete astros. Os sete dias da semana ou as sete notas musicais derivam destes influxos, que também ritmam a nossa vida diária sem que nos demos conta disso. Aliás, Platão (que aprendeu astrologia com os sacerdotes egípcios) declara, em *As Leis*, que esta arte devia ser o privilégio de uma minoria.

Já não vivemos hoje num mundo tradicional, pois tudo se passa como se a humanidade tivesse encontrado estranhas forças na sua passagem, e por isso é necessário dizer algo mais sobre a doutrina dos ciclos para continuarmos a ser compreensíveis.

Os nomes idade de ouro, idade de prata, idade de bronze e idade de ferro foram criados pelos astrólogos gregos e atribuídos aos quatro períodos cuja totalidade perfaz um ciclo, ou seja a soma de um certo número de anos no fim dos quais diferentes fenómenos astronómicos se reproduzem pela mesma ordem analógica. A idade de ouro engloba a relação de 4 para 10 e corresponde à infância, o momento privilegiado em que a civili-zação humana ainda se confunde com a Tradição primordial: há apenas uma classe social; todos sentem a presença divina e não há guerras nem conflitos sociais. Assim próximo da sua criação (de Deus, a Unidade principiadora, o átomo primevo, o centro universal), o mundo pauta-se por leis indiscutíveis, visíveis por todos.

A astrologia qualificou esta idade por meio do único metal incorruptível por excelência, que é o ouro. Como tudo é analogia e o homem é semelhante ao Universo, esta idade é atribuída à infância, estado de inocência repleto de descobertas ingénuas e de generosidade espontânea. Além disso, o tempo da infância não é vivido com o mesmo espírito e óptica que na velhice, dado que nesta o tempo parece contrair-se e não ter a mesma duração. Aliás, qualquer um de nós pode fazer esta experiência se recuar até à sua primeira infância.

O mundo afasta-se do centro primordial de todas as coisas devido ao fenómeno físico da recessão das nebulosas, que se traduz por factos cientificamente observáveis e «mensuráveis». Este afastamento traduz-se pelo abandono da luz a favor das trevas, ao que corresponde simbolicamente o mito de Satanás, adversário da luz.

Este afastamento é já visível na idade de prata, um período cíclico que compreende uma relação de 3 para 10 (a totalidade é arbitrariamente designada por 10). A luz já não é directa, pois a Lua reflecte a luz do Sol porque não a pode gerar por si mesma: a prata é um metal lunar, enquanto o ouro é um metal solar. Contudo, a prata é um metal precioso e os elementos de decadência são ainda vigorosamente retidos. Esta necessidade de conter a decadência conduz a castigos e a recompensas e à hierarquização, com o consequente nascimento das castas sociais: no topo há um rei que é também profeta e mago e interpreta as leis do céu, e assim toda uma sociedade terrestre ideal se vai fundar sobre estas leis.

Na vida humana, esta idade de prata corresponde à virilidade e à maturidade: o nascimento da família e dos filhos traz consigo os castigos ou as recompensas e a hierarquia torna-se numa regra da vida.

A terceira idade é a do bronze, situada numa relação de 2 para 10, representada por um metal duro e implacável, que geralmente se atribui à velhice de qualquer organismo vivo. A este nível, a queda cósmica e o afastamento da luz aceleram-se por via de leis matemáticas precisas, que simultaneamente também conduzem a uma contracção do tempo, que «parece passar cada vez mais depressa».

O bronze é feito de uma liga de ferro e de estanho e é através dele que o astrólogo consegue datar este período histórico, já que este metal é atribuído ao signo do Touro. Como cada signo reina durante 2160 anos, o fim desta idade de bronze corresponde à civilização caldaica, cujos touros alados de Khorsabad são outras tantas estelas num calendário cósmico.

Seguidamente vem a idade de ferro, metal de Marte (o regente do signo do Carneiro). Tendo durado 2160 anos, a civilização romana denota esta idade de ferro, cuja relação com a totalidade é de 1 para 10.

No corpo humano, a idade de ferro está associada à decrepitude e ao declínio das funções vitais e corresponde ao fim do ciclo, que se subdivide em vários períodos. Durante esta idade, o afastamento do centro da luz é absoluto e as trevas caminham para a sua culminação. A classe régia declinou o seu poder na burguesia, que reina durante uma época proporcional ao ciclo. Mas a própria burguesia deve ceder à sociedade dos «sem classe», cuja hegemonia será a mais breve de todas e coincidirá com o fim do ciclo. Seguindo a progressão decalcada das leis do Universo, virá depois uma nova idade de ouro, que representará um avanço da humanidade através do caminho que as leis divinas lhe traçaram para toda a eternidade.

Foi necessário resumir esta concepção cíclica da astrologia dado que precisaríamos de uma obra inteira para esclarecer e apresentar de maneira clara e peremptória as leis universais. Se bem que o nosso resumo seja imperfeito, era no entanto necessário dizer algumas palavras, pois que o actual fim de ciclo verá nascer novas forças que acelerarão este afastamento do centro primordial.

Por conseguinte, este fim de ciclo será simbolizado por novos astros. Mas serão apenas novos para nós. Tudo se passará como se a humanidade deparasse com eles enquanto prossegue nesta corrida cíclica que delineámos atrás e que está balizada pelo corpo deslumbrante dos astros.

Estas astros são Úrano, Neptuno e Plutão, que em astrologia são os «planetas trans-saturnianos», porque a sua órbita situa-se além da de Saturno. Também são chamados os «planetas invisíveis», pois numa carta astral a sua acção é muito imprevista, e assim as forças que simbolizam são secretas. Eis algu-mas breves luzes sobre estes astros.

ÚRANO é um mundo às avessas, de rotação rápida e deitado sobre a sua órbita; foi descoberto quando transitava pelo signo de Gémeos, que corresponde à América do Norte. Na astrologia, este astro rege a revolução e a libertação, mas também a electricidade e os explosivos. Os seus influxos provocaram a reunião das treze repúblicas norte-americanas, a sua revolução e a nova Constituição (dois dos três dos homens que redigiram esta Constituição eram astrólogos).

A partir daí, o fim de ciclo acelerou-se e um novo planeta, NEPTUNO, seria descoberto pelos cálculos de Le Verrier. Este astro assinala a filosofia, os submarinos, o petróleo, o socialismo, a espionagem. Aquando da sua descoberta, gravitava sobre Aquário, signo da Rússia, uma nação que (sob a influência revolucionária do astro) se vai tornar na União das Repúblicas Socialistas Soviéticas. À semelhança do bloco uraniano, erguer-se-ia o bloco dos Estados Unidos, que se lhe vai opor.

PLUTÃO, o terceiro e último astro, assinala a morte e a ressurreição. A sua descoberta teve lugar em 1930-31, quando passava por Caranguejo, que governa a China. Este astro iria influenciar a passagem para uma nova era, encerrando os tempos históricos e iniciando uma nova idade. É um astro tão importante que lhe dedicámos uma obra inteira, cujo autor foi o único astrólogo que chegou a definir as influências que originarão uma metamorfose histórica[13]. O que escrevemos sobre este astro justifica-se pelo facto de o papel dos chineses e dos seus dirigentes ser cada vez mais preponderante na vida política actual. Numa carta astral individual, Plutão é consultado em relação à sexualidade e aos poderes de criação e até de iniciação do nativo. Num plano colectivo, Plutão assinala o átomo e a destruição que origina novos meios como a fusão nuclear. É também o astro da poluição e da gigantesca metamorfose da Natureza, que se operou invisível e silenciosamente, tendo a ciência moderna esquecido o mito do jardim do Éden e dos frutos proibidos da árvore do bem e do mal.

Estes três astros trans-saturnianos são, pois, os regentes do mundo a vários títulos e o seu papel é sempre importante e decisivo. Será que o mundo resistirá às sementes de decadência que cada vez se multiplicam mais? Saberemos nós restringi-las? Conseguiremos optar por perspectivas humanas e não-materialistas? Regressaremos a Deus ou, pelo contrário, iremos erigir uma estátua ao príncipe da matéria simbolizado pelos influxos maléficos de Plutão (felizmente, também possui influxos benéficos)? O futuro o dirá. Mas desde há muito que a astrologia reflecte sobre estas questões vitais para o homem, e por isso as anunciou antes de as fazer suas e de as submeter ao maior número possível de pessoas.

---

[13] Hadès, *Plutão ou os Grandes Mistérios*.

6
As «casas».
O seu significado astrológico

> «*Eis aqui um Sinal para eles:*
> *a terra morta que nós revitalizamos*
> *e da qual retiramos os grãos que eles comem.*
> *(...)*
> *Eis aqui um Sinal para eles:*
> *O momento das trevas quando*
> *A noite que nos priva do dia*
> *e o Sol caminha para o seu posto habitual.*
> *É este o decreto do Todo-Poderoso, d'Aquele que sabe!*»
> Maomé, *Alcorão*
> (Surate XXXVI, Ya, Sin)

As «casas» são uma das noções capitais da astrologia e determinam-se pela hora de nascimento. Não esqueçamos que nunca existem dois nascimentos iguais. Na Antiguidade, certos astrólogos ignorantes colocavam a objecção dos nascimentos quase simultâneos como os dos gémeos. O astrólogo romano Nigidius comparou a esfera celeste com a roda do oleiro que não conseguimos tocar duas vezes seguidas no mesmo sítio, por mais rápido que sejam os nossos dedos: tudo mudou já a cada novo movimento da roda, pois o tempo introduz novos elementos. Recorde-se que as determinações de tempo e de espaço condicionam o nascimento do homem.

Como a esfera celeste é dividida pelo horizonte em dois hemisférios, o que está acima da Terra torna-se activo e o que está em baixo é passivo. Duas outras noções decorrem desta divisão operada pelo meridiano: a leste temos o Oriente, que nasce e progride em direcção a um culminar tal como o Sol; a oeste, o poente, o que se completa ou entra em declínio.

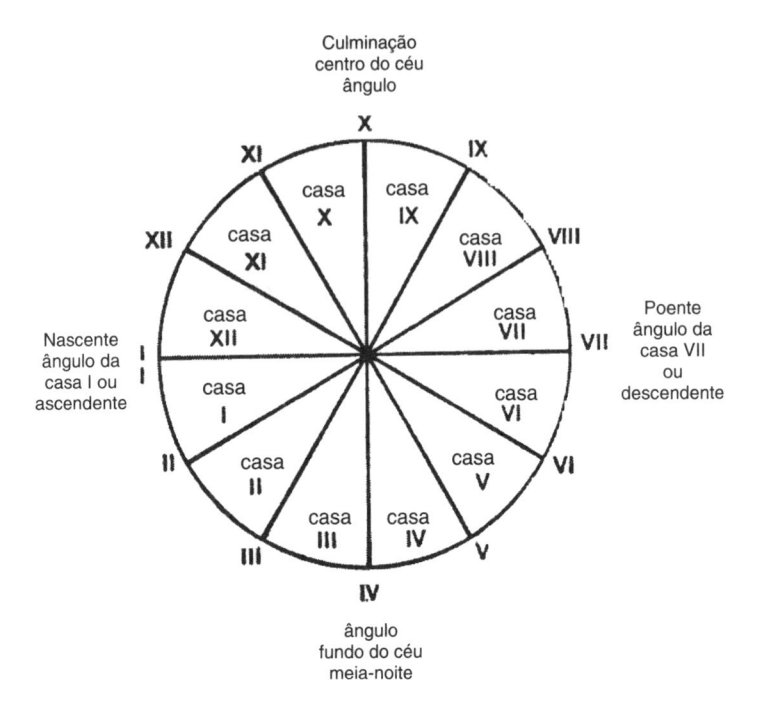

Fig. 8 – Representação moderna do círculo das casas.

As casas sob o horizonte representam o inconsciente e as que estão acima são o consciente. O próprio simbolismo do círculo é o de eterno retorno, uma noção que as doutrinas hindus concretizam através da imagem da serpente que morde a cauda.

As representações das casas prevalecem desde os tempos antigos e, quer estejam inscritas no círculo ou no quadrado, tentam demonstrar as casas ditas «angulares», ou seja as casas X, I, IV e VII. Na verdade, os planetas situados nestas casas, principalmente os que estão próximos destes ângulos, possuem mais força e resultam num reforço da personalidade, conferindo uma vontade forte, o destaque do destino e a celebridade. Fornecemos de seguida uma abreviada significação das casas.

CASA I – significa essencialmente a vida do nativo, o seu temperamento, personalidade, força e capacidades fisiológicas. É também chamada «o ascendente», porque o signo nela situado erguia-se no momento do nascimento do nativo e porque este signo ascendente corresponde muitas vezes ao signo solar de um dos pais ou avós. Deste modo, um nativo Balança (com o Sol no signo da Balança) terá um filho cuja carta astral apresentará um ascendente Balança[1]. Por conseguinte, a vida é o que herdamos dos nossos ascendentes a fim de realizarmos a grande viagem.

Ao nascermos, tomamos consciência do Universo com que estamos em simbiose: o ar entra nos nossos pulmões e daí em diante não podemos libertar-nos deste elemento aéreo. Morte e renascimento: o oxigénio que nos rodeia combina-se com os elementos do nosso corpo e provoca a sua decadência e a da matéria, mas também possibilita a libertação da alma e o renascimento (a libertação final, se o nosso *karma* — palavra que significa «acção» — assim o permitir); esta libertação acaba com a distinção que fazemos entre o Universo e a nossa própria vontade que lhe opomos, uma oposição que leva à dualidade e a sofrimentos que só terminarão com a consciência do que é a nossa verdadeira finalidade, do que é o universo e a presença divina eterna e universal.

Acrescente-se que as leis de Mendel (que também foi astrólogo) reflectem aquilo que a astrologia sempre ensinou: não estamos sós no Universo e os nossos «pais» concedem-nos a vida, ou seja, há ascendentes que determinam o nosso signo ascendente (iremos expiar os seus pecados, contra a vida, contra a saúde, etc.) e que reflectem a vontade do Pai celeste que nos deu uma missão para todo o sempre.

A casa I revela a força psicológica que esta missão nos outorga. Para o astrólogo, a vida é-nos concedida e dela devemos prestar contas um dia. A casa VII opõe-se à casa I.

CASA VII – face à acção individual e à vida, esta casa representa o julgamento e a acção social do eu perante os outros. É a união ou a desunião e engloba assim os contratos, o

---

[1] Isto revela bem a influência dos genes e das características transmitidas hereditariamente: todos somos «herdeiros». Acrescente-se ainda que esta filiação terrestre é o símbolo da filiação divina que nos liga à totalidade do Cosmos.

casamento, a justiça. Também é chamada de «descendente», o ocidente da carta astral.

O nativo herda o ascendente dos seus antepassados, que apenas lhe deram um corpo e características pessoais mas não a alma (que os astrólogos atribuem ao zénite e à culminação da casa X, o ponto de contacto com o universal). Contrariamente, esta casa VII traduz o que o nativo legará aos outros, o que abarca os processos judiciais, a vida social e pública, a vida mundana e as eventuais associações.

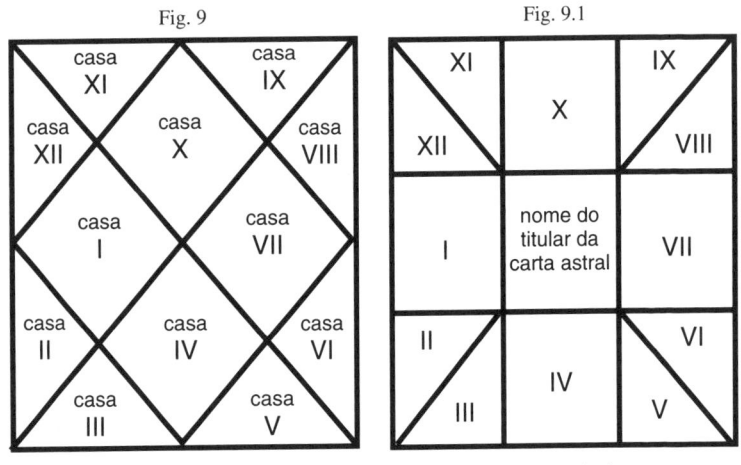

Fig. 9 - Antiga representação das «casas» e a sua importância ou sectores angulares das casas X, I, IV e VII.

Fig. 9.1 - Outra representação das casas, utilizada pelos astrólogos régios da Idade Média. Na imagem, as casas X, I, VII e IV sobressaem com vigor e os planetas nelas situados têm uma acção decisiva na personalidade e no destino.

Tal como todas as outras casas na ordem dos signos zodiacais, a CASA II está analogicamente associada ao segundo signo e é consultada para averiguar sobre a fortuna e posses do nativo, sobre a banca, a moeda, a gestão, o numerário, os investimentos, etc., em suma, sobre tudo aquilo que é visível, palpável e mensurável e que no mundo dos interesses chamamos «valores».

Mas valores muito mais importantes — embora invisíveis — pertencem à casa VIII.

A Casa VIII opõe-se à casa II e rege os valores invisíveis, sobretudo a iniciação e o oculto, valores que hoje deixaram de existir porque negados pelos nossos contemporâneos que esqueceram as palavras da Bíblia: «Não acumuleis riquezas que possam ser devoradas pelos vermes e manchadas pelo tempo.» Face à riqueza e às posses visíveis encontramos a morte. Pela lei da analogia, a casa VIII está associada ao Escorpião, o oitavo signo.

As heranças, os bens, os legados, os testamentos, a medicina, os poderes secretos, etc., estão ligados a esta casa que governa especialmente a sexualidade, essa grande força invisível que é a raiz de qualquer poder mágico e origem de toda a criação.

A Casa III reflecte a inteligência, as deslocações, a vizinhança e todas as funções de relacionamento. Para a astrologia, a inteligência é primeiramente uma função de relacionamento que nos permite comunicar com o que nos rodeia. Assim, os planetas presentes nesta casa (ou, na sua ausência, o mestre do signo do Zodíaco em que se encontra a ponta da casa) informam-nos da natureza e benefícios desta comunicação. Os livros, os veículos, a correspondência, os irmãos ou irmãs, dependem desta casa analogicamente relacionada com o signo dos Gémeos.

A Casa IX opõe-se a esta casa do relacionamento e congrega o mistério e todos os excessos, quer físicos quer intelectuais. É a casa do ensino, das altas faculdades do espírito, das ciências divinatórias e da religião. Em suma, a evolução espiritual e a sabedoria opõem-se à inteligência mensurável e restrita de que falávamos anteriormente.

A Casa X é a mais importante nos mapas astrais, tal como o meio-dia, que marca a culminação solar. A culminação da casa X corresponde à maturidade, que para os homens é a mãe e para as mulheres é o pai. Muito antes da psicanálise (e da sua concepção ligada à matéria e afastada do divino), já a astrologia tinha compreendido a fixação da criança no pai do sexo oposto e a importância destes laços afectivos no destino. Este destino é um dos atributos da casa X, que também diz respeito ao poder e ao conhecimento, ao governo, à celebridade e ao eventual papel do nativo no Estado ou na sociedade. Geralmente, o astrólogo consulta-a para traçar a possível evolução da carreira e obra do nativo.

A CASA IV opõe-se à casa X. É uma casa material e está analogicamente associada à meia-noite, englobando assim os bens materiais, como os imóveis e as transacções imobiliárias, mas também o lar e a casa. Apesar de representar o último domicílio, que é a sepultura, esta casa não possui, porém, qualquer significado trágico para o astrólogo, já que este acredita no renascimento: a meia-noite denota simplesmente o fim derradeiro do dia que, juntamente com o trajecto solar, simboliza a vida humana. Esta casa é consultada simultaneamente com a casa VII (o Ocidente onde o Sol se põe) e a casa VIII (a morte), para averiguar o tipo de morte do nativo, a sua incarnação e futura missão terrestre. A casa IV também corresponde ao pai (no caso do homem) e à mãe (no caso da mulher). A fama depois da morte depende do mestre regente ou dos planetas que gravitam sobre esta casa.

Na CASA V encontramos a criação humana (os filhos), mística, artística, literária, etc., e marca também os prazeres, as especulações e o teatro. Mas tem um significado muito mais profundo: o amor, unidade móvel comum a toda a criação, ainda que mal ultrapasse a banalidade do quotidiano. Por isso, o astrólogo estabelece a distinção entre amor (dominado pela casa V), casamento (atribuído à casa VII) e sexualidade, sendo esta uma função mágica associada à iniciação, que abre a porta para o obscuro da psique e cuja sublimação é essencial para a obtenção do que em ocultismo se chama os poderes. É significativo que a sexualidade e a morte estejam reunidas numa mesma casa. Ao demonstrar os laços entre estes dois domínios ricos de potencialidades, mas também imbuídos da mesma proibição na astrologia, a psicologia moderna só consegue acompanhar de longe a admirável síntese que a astrologia fez do homem e do céu, pois abre ambos à vontade divina.

A Casa XI corresponde à órbita para onde lançamos a criação: os amigos, os projectos, a vida social. Também influencia os outros, à semelhança da casa VII: as sociedades, o parlamento, a política, a publicidade, etc., e as suas implicações são vastas. É também uma casa de extroversão, tal como a casa VII.

As duas últimas são a Casa VI, que engloba tudo o que pertence ao trabalho, à saúde, à alimentação e à higiene; e a Casa XII, que é a introversão e agrupa as doenças prolongadas, os hospitais e as provações.

Rudimentos de técnica astral

Um astrólogo consegue calcular e executar uma carta astral em dois ou três minutos, pois as operações são simples e qualquer pessoa que saiba subtrair e somar pode tentá-lo. Basta ter à mão uma tabela das posições planetárias, que são calculadas de acordo com as efemérides para as 0 horas ou 12 horas: meia-noite ou meio-dia de Greenwich*. A posição dos planetas é anotada segundo a hora de Greenwich, e deve-se consultar um manual no caso de eventuais correcções (como se adianta uma hora no Verão, deve-se assim retirar uma hora aos nascimentos ocorridos no Verão). Assim, em Portugal vivemos actualmente sob o regime de uma hora adiantada no Verão e de uma atrasada no Inverno. Deste modo, um nascimento ocorrido às 17 horas de 6 de Julho de 1872 corresponderá às 16 horas de Greenwich.

É também necessária uma tabela de casas, que permite um cálculo muito simples de acordo com a hora local[2]. Com um manual, o leitor interessado poderá exercitar a sua própria carta

---

* O Tempo Médio de Greenwich (TMG) consiste numa linha imaginária que forma metade de um círculo entre o Pólo Norte e o Pólo Sul. O meridiano de Greenwich foi criado pelo Observatório Real de Greenwich, em Londres, tendo sido adoptado internacionalmente em 1885 como base para a determinação do padrão horário mundial (*N. do T.*).

[2] A hora local é a hora legal mais a soma ou subtracção da longitude entre o lugar considerado e o meridiano de Greenwich: acrescenta-se para as longitudes a leste e subtrai-se para as de oeste.

astral, orientá-la e determinar os planetas; e qualquer principiante, após algum treino, levará cerca de um quarto de hora para obter a destreza dos astrólogos profissionais.

Os leigos devem desconfiar das patranhas e estar conscientes de que há inúmeros charlatães em astrologia e, de uma maneira geral, nas ciências ocultas. É vasto o leque dos que impedem muita gente de aceder à verdadeira astrologia, desde os pseudo-astrólogos que tudo ignoram de astrologia e cujo domicílio é um apartado, até aos vendedores de medalhas zodiacais para pseudoprotecção. Em princípio, há cinquenta charlatães por cada astrólogo sério, e naturalmente fazem mais alarde. É este o estado das coisas no fim de ciclo e seria bom que o leitor estivesse alerta, pois por detrás do amontoado publicitário há um pequeno número de astrólogos honestos que consagram quase todo o seu tempo a ensinar ou a pesquisar, procurando recuperar a eficácia dos astrólogos do passado, que na sua grande maioria foram muito superiores aos de agora.

Seria impossível explicar a técnica do astrólogo (ainda que sumariamente) num livro tão genérico como este, que se afigura como uma simples introdução à astrologia. Mas, socorrendo-se de um bom manual, o leitor interessado poderá perfeitamente tornar-se no seu próprio astrólogo e analisar a sua carta astral. Depressa verificará a verdade da astrologia e depois a qualidade do seu trabalho será claramente superior à maioria das interpretações que obteria de qualquer astrólogo moderno, muito hábil na publicidade mas cujos objectivos são sobretudo angariar clientes e não satisfazê-los.

Em primeiro lugar, a interpretação baseia-se na presença dos astros nos ângulos da carta astral, sobretudo na sua dignidade ou debilidade. Deste modo, e numa carta astrológica feminina, um Sol na casa V (casa do amor) oferecerá um amor solar, vivo e fulgurante, e a procura de um ideal. A fim de saber mais, o astrólogo deve verificar qual é o signo sobre o qual o Sol se situa: assim, se estiver em Virgem (signo das medidas de restrição e da cerebralidade), é evidente que a nativa encontrará um homem com o qual as suas relações serão mais de natureza intelectual que sensual; pelo contrário, se o Sol está em Leão, a aventura amorosa será uma revelação sensual e a nativa terá todas as *chances* de ver a sua vida alterada por uma forte paixão. Faltam ainda os aspectos, isto é os laços entre este Sol e os outros astros; e o mesmo para os laços com o mestre da casa I, que representa a própria nativa: um quadrado (aspecto de 90°) determina um conflito com este homem; um sextil (aspecto de 60°) ou um trígono (aspecto de 120°) postulam uma ligação duradoura.

Obtêm-se assim várias considerações que vão permitindo ao astrólogo efectuar uma previsão segura. No entanto, a personalidade é também importante e deve-se igualmente contar com os astros que, mais do que os signos, determinam as «marcas astrais».

Um solar, como Napoleão, tem todas as características do Sol em Leão no seu máximo, dado que o astro está em elevação na sua carta astral, ou seja, está no zénite, na casa X: generosidade, pompa e esplendor. Como se fossem constelações secundárias, à volta de Napoleão organizam-se os impérios ou principados de irmãos ou de grandes dignitários. Sabiam que os seus doze marechais correspondiam aos doze signos do Zodíaco e que reproduzem todas as características deles? Não faltou mesmo um traidor (Marmont).

Claro que Napoleão Bonaparte é também muito jupiteriano (tem Júpiter em ascendente sobre Escorpião) e assim é muito favorecido pela sorte e munido de astúcia e de subtileza, como todos os seus biógrafos destacaram. Morreu de uma doença tipicamente jupiteriana: de dificuldades de alimentação devidas a uma perfuração disentérica do intestino e a um cancro do estômago (Marte, mestre do seu ascendente Escorpião, está em Virgem, signo do intestino, e em conjunção com Neptuno: o pus). Mas o valor do Sol está em destaque na sua carta astral e o seu império duraria onze anos, uma fase solar cíclica (1804-1815).

Verlaine é um lunar e um subdominador saturniano e venusiano conferem-lhe sensibilidade e melancolia (os poemas saturnianos). A errância e a vagabundagem são ainda traços deste astro de mau aspecto. Outros lunares foram Debussy (a harmonia) e Proust (cujo apego à mãe e ao passado é uma nevrose que este astro denota).

Um mercuriano foi Musset, cuja temática do duplo e do irmão corresponde essencialmente aos valores deste astro. Uma mercuriana foi George Sand, cujo subdominador marciano denuncia a energia, a vontade e o espírito empreendedor. Como o astro recebe as características do signo de cada um, assim um solar de Leão, como Napoleão, não se parece com um solar de Touro, como Honnoré de Balzac, cuja *A Comédia Humana* se baseia em valores solares[3] e também em forças Touro, sobretudo o dinheiro e, mais exactamente, o ouro. O Touro corresponde à construção de uma nova sociedade, essencialmente materialista e, por conseguinte, após o fracasso da sociedade napoleónica fortemente hierarquizada, daí em diante surge apenas uma única hierarquia bem sucedida.

Hier Murat é um marciano, cavaleiro de esgrima mas também homem de guerra. Mais recentemente, temos o gerenal Giap que com os seus canhões venceu em Dien-Bien-Phu (na sua carta astral, Marte surge em força no signo da Virgem, tal como na do general Bonaparte). Roma foi uma civilização marciana e uma classe social marciana foi o estado-maior-general prussiano. Segundo as palavras de um filósofo francês, a Prússia não era um Estado com um exército mas um exército que possuía um Estado.

Um jupiteriano? O ex-chanceler alemão Erhardt, um professor que mais tarde seria o pai do milagre económico alemão. No domínio da arte, compare-se por exemplo um mercuriano como Dufy (pinceladas arejadas, campos de corrida, iates) com um marciano como Géricault ou com um jupiteriano como Rodin (Júpiter em Escorpião confere-lhe uma forte sexualidade: «*O homem de génio*», diria ele, «*é um garanhão que faz amor com a natureza*»).

---

[3] Conferir Balzac, prefácio a *A Comédia Humana*: «...*Escrevo à luz de duas eternas verdades: a Religião e a Monarquia, duas necessidades proclamadas pelos acontecimentos contemporâneos e para as quais qualquer escritor sensato deve tentar conduzir o nosso país. Não sendo eu inimigo da Democracia, excelente princípio para a constituição da lei, rejeito-a como sendo o único meio social, sobretudo porque está mal organizada. Estando aberta a todos, a Democracia dá-nos o governo das massas irresponsáveis cuja tirania não conhece limites, pois chama-lhe lei... Estou do lado de Bossuet e de Bonald em vez de acompanhar os inovadores modernos.*»

Os saturnianos carregam o peso do mundo, como Estaline ou Mao Tsé-Tung (Saturno está em debilidade no primeiro, o que explica o fracasso dos seus sucessores e a luta contra o culto estalinista; e no segundo está em dignidade e em posição de força), ou revelam-se grandes pensadores, como Kepler, Newton ou Dante. O político saturniano trabalha no meio das piores dificuldades e sempre tendo em vista o futuro, como Adenauer.

Os uranianos põem tudo em tumulto, quer nas artes (Stravinsky, por exemplo) quer na política (Hitler). O neptuniano origina valores universais (Miguel Ângelo) ou atém-se a um domínio em que a sua intuição tem papel privilegiado (Victor Hugo). Quanto ao plutoniano, é missionário e empreendedor, ou então despreza todos os valores morais e consagra-se inteiramente ao culto da força, recriando deuses, carrascos e vítimas (Béria e Himmler).

Depois de se ter assimilado estas primeiras noções essenciais, a prática da astrologia torna-se na mais apaixonante das caracterologias, e essa tarefa exige menos tempo e trabalho que o domínio de uma língua estrangeira, por exemplo. A astrologia é a única ciência em que o carácter conduz directamente ao destino e é também a única em que a vontade humana, desde que subordinada sem restrições à vontade divina, recebe desta o seu verdadeiro sentido e luz e o seu amor e esperança infinitos.

Segunda Parte

UMA PRIMEIRA «EXPLORAÇÃO» ASTROLÓGICA SEM CÁLCULOS

1

O ascendente. Método de pesquisa rápida. O seu significado astrológico

«*Dizia Diderot que* "o mundo, como efeito do acaso, é mais explicável que Deus. A Criação explica-se pela multiplicidade de causas e pelo incomensurável número de ramificações que o acaso pressupõe. Se me dessem a *Eneida* e todas as letras necessárias para a sua composição, e se me dessem o tempo e o espaço, eu conseguiria a combinação *Eneida* à força de atirar as letras". *Estes infelizes que tudo deificavam em vez de admitirem um Deus, recuariam perante a divisibilidade infinita da matéria que comporta a natureza das forças imponderáveis... Os sentidos são uma construção puramente física e os efeitos dos seus órgãos são explicáveis, mas ao provar-se que eram determinados por alguns atributos do infinito, o magnetismo derrubava — ou pelo menos parecia derrubar — a forte argumentação de Espinoza: segundo este grande homem, os dois elementos incompatíveis infinito e o finito estavam contidos um no outro.*»

Balzac, *Ursula Mirouët*

O ascendente ou ponta da casa I é determinado por cálculos muito simples. Mesmo assim, e porque nem todos possuem as efemérides e a tabela das casas, oferecemos-vos a possibilidade de o encontrar através de uma operação fácil. Basta que consultem o quadro a seguir transcrito para o conhecerem. Note-se que a hora de nascimento é sempre indicada na certidão de nascimento e que, em caso de desconhecimento, basta pedir uma cópia dessa certidão na repartição da nossa área de nascimento.

Como consultar este quadro? A primeira coluna é a das datas de nascimento. Assim, coloca-se a ponta de uma régua sobre esta data: por exemplo, em 6 de Novembro (ou sobre as graduações de 30 de Outubro a 10 de Novembro). Depois coloca-se a outra ponta sobre a hora de nascimento, contada de 0 a 24 horas. No nosso exemplo, colocá-la-emos entre as 16/17 horas e no meio obtemos imediatamente o nosso signo ascendente. Deste modo, e ainda segundo o nosso exemplo, o signo ascendente será Touro ♉.

Pode ser que os resultados que o leitor obtenha o levem a executar por si próprio (e com a ajuda das indicações de um manual sério) a sua carta astral, mas desta vez de uma maneira matemática, o que – repetimos – é bastante simples.

Breve indicação do significado dos signos ascendentes

Ascendente Carneiro

Possui uma grande força vital, uma irresistível capacidade e um notável potencial enérgico. É impulsivo e um pouco intransigente, mas é corajoso e audaz. Os seus desejos têm de ser satisfeitos de imediato. Ama a luz, o Sol, o amor e a estação mais propícia é a Primavera; o seu lema é empreender sempre coisas novas. No caso da mulher, nada a consegue aprisionar e terá grande domínio sobre o marido; no caso do homem, nunca deve recusar o que lhe é proposto em primeiro lugar, pois consegue vencer as mais fortes rivalidades.

É muito orgulhoso e reage no próprio momento e assim os outros podem manobrá-lo através deste orgulho. Mas existe nele uma chama que faz com que aceitem as suas opiniões, o que também se deve à sua sinceridade e necessidade de convencer.

Vê sempre o melhor das coisas, uma faculdade preciosa para cativar os outros e para discernir um objectivo ainda longínquo, parecendo-lhe que dista apenas um passo da sua concretização. O seu temperamento febril nem sempre o deixa reflectir e ser prudente, mas a sua capacidade de iniciativa e o seu ardor fazem dele a força que o vai aproximando rápida e oportunamente dos objectivos. Possui a alma de um convertido ou de um pioneiro.

O ascendente

TABELA QUE PERMITE DETERMINAR IMEDIATAMENTE O ASCENDENTE ATRAVÉS DA DATA E HORA DE NASCIMENTO

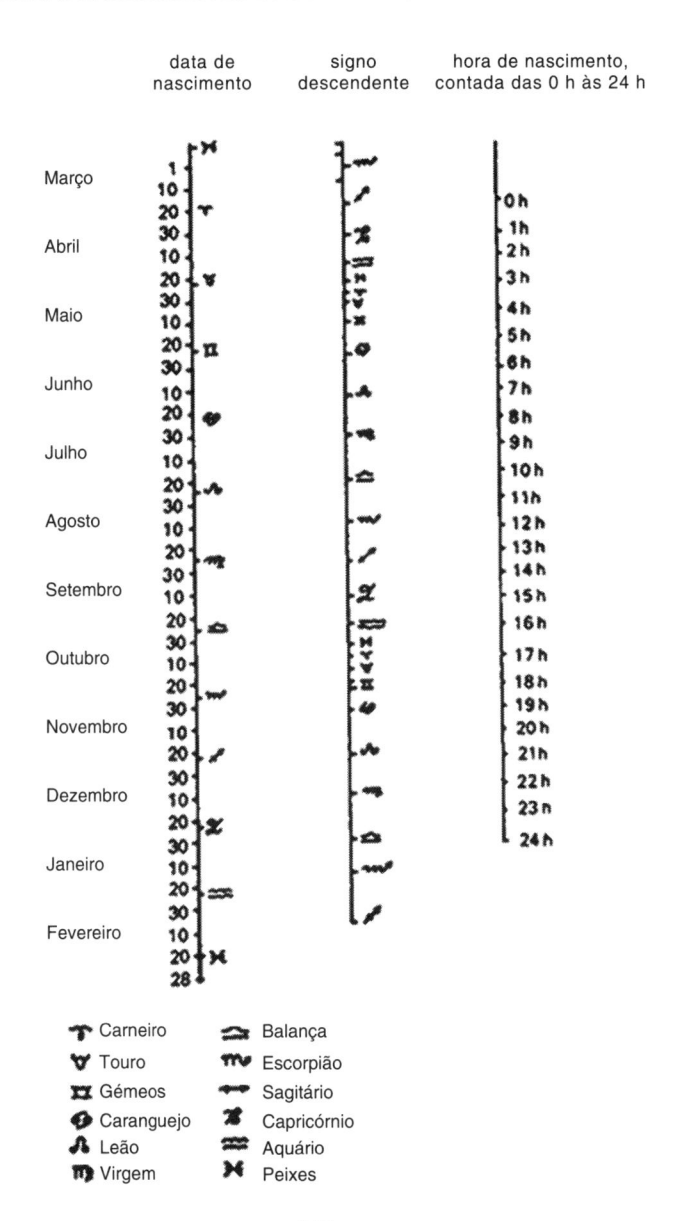

data de nascimento	signo descendente	hora de nascimento, contada das 0 h às 24 h
Março 1, 10, 20 ♓/♈	≈≈, ♐	0 h
Abril 30, 10, 20 ♈/♉	♑	1 h, 2 h, 3 h
Maio 30, 10, 20 ♉/♊	♒♓♈, ♉, ♊	4 h, 5 h
Junho 30, 10, 20 ♊/♋	♋, ♌	6 h, 7 h, 8 h
Julho 30, 10, 20 ♋/♌	♍, ♎	9 h, 10 h, 11 h
Agosto 30, 10, 20 ♌/♍	♏, ♐	12 h, 13 h
Setembro 30, 10, 20 ♍/♎	♑, ♒	14 h, 15 h, 16 h
Outubro 30, 10, 20 ♎/♏	♓♈♉♊, ♋	17 h, 18 h, 19 h
Novembro 30, 10, 20 ♏/♐	♌	20 h, 21 h
Dezembro 30, 10, 20 ♐/♑	♍, ♎	22 h, 23 h, 24 h
Janeiro 30, 10, 20 ♑/♒	♏	
Fevereiro 30, 10, 20, 28 ♒/♓	♐	

♈ Carneiro ♎ Balança
♉ Touro ♏ Escorpião
♊ Gémeos ♐ Sagitário
♋ Caranguejo ♑ Capricórnio
♌ Leão ♒ Aquário
♍ Virgem ♓ Peixes

Ao nível fisiológico, este ascendente implica sempre reacções enérgicas em caso de doença. Deve ter cuidado com os acidentes que afectam a cabeça, sobretudo se praticar desportos como o alpinismo; deve também preocupar-se sempre com as carências do organismo, nomeadamente de ferro.

Ascendente Touro

É lento e reflectido e pode ruminar longamente várias preocupações, sendo-lhe difícil descontrair-se completamente. Possui grandes forças morais e físicas e sente necessidade de realizar e de construir. É capaz de pensar em construções ideais a qualquer nível e de seguida passar pacientemente para a sua concretização, embora nunca desperdice as suas forças. Pode ser terrível quando está sob o efeito da ira, o que raramente acontece, ou quando contrariam os seus instintos. Na verdade, e logo que adopta uma ideia ou um objectivo, dedica-se à sua realização com obstinação e fanatismo. Muitas obras veriam a luz do dia se não fosse um bocado preguiçoso, pois gosta da comodidade e do conforto e é guloso e dado aos prazeres da mesa e do amor. Na mulher, é um signo de fruição e de refinamento; no homem, é signo de algum ciúme mas também de uma vontade férrea e de concessões à carne. O homem com este ascendente não consegue viver sem ter ao seu lado uma mulher que pelo menos lhe ofereça uma união sensual bem sucedida.

Nem sempre consegue discernir bem as coisas, mas quando tal acontece há uma luta constante entre os seus fortes instintos e a atenção aos bens e alegrias da terra, ou com a sua perseverança e resolução. Possui o dom de modelar formas e de criar e a sua voz produz um efeito magnético sobre os outros, sobretudo sobre o sexo oposto, pois indicia uma sexualidade forte.

No plano fisiológico, poderá padecer das vértebras, da nuca ou da garganta; tem frequentemente anginas e vulgares infecções da boca (como aftas). Deve socorrer-se do isolamento no campo e, em caso de doença, deve optar por medicinas naturais, como a argila. Por outro lado, come de mais e deverá ter mais cuidado com a alimentação.

Ascendente Gémeos

Existe aqui uma forte dualidade, sendo-lhe difícil concentrar-se numa única coisa, pois gosta de esvoaçar de flor em flor como a borboleta. O seu caminho é sinuoso e é muito influenciado pelas impressões e cores do momento; por isso dá muita importância ao seu círculo de amigos e procura estar sempre em harmonia com eles para conseguir uma certa paz, que frequentemente é fugidia.

Apesar de ser uma pessoa nervosa e contagiar os outros com o seu nervosismo, é também muito delicado e hábil nas relações humanas e um excelente companheiro provido do precioso dom da infância. Gosta da actividade, do convívio e das viagens e precisa constantemente de agitação à sua volta. É um bocado actor pois gosta de agradar e se for preciso pôr de lado a sinceridade para conseguir que gostem dele, não hesitará em fazê-lo, embora dentro de certos limites.

É-lhe difícil seguir sempre o mesmo ponto de vista e ser perseverante; está sempre «disponível» e dá muita importância às ideias, gostando de viver agitadamente o presente. O seu nervosismo raramente leva à angústia e, se isso acontecer, a ansiedade dar-lhe-á o fermento necessário para realizar uma obra.

No plano fisiológico, é particularmente sensível às alergias e deve ter sempre cuidado com os brônquios e os intestinos. Precisa de ar puro e a prática de desporto traz-lhe bem-estar. A juventude acompanhá-lo-á durante muito tempo, o que talvez se deva ao seu interesse profundo por tudo o que é humano. Neste sentido, será sempre um observador cheio de engenho e de vivacidade.

Ascendente Caranguejo

É sensível aos sonhos, um bocado preguiçoso e gosta de se refugiar no passado. É algo indeciso mas sente fortemente os ambientes. Como odeia a solidão, torna-se indispensável integrar-se no seio de uma família ou de uma colectividade.

Pode chegar a ser caprichoso e de humor inconstante, mas na verdade estas alterações são-lhe necessárias para melhor acompanhar os acontecimentos, um talento que o qualifica para o comércio ou para a política, por exemplo. Tem também grandes possibilidades no campo das artes devido à sua sensibilidade.

Gosta do lar e mais ainda de ter o seu cantinho, longe de todos. Todavia, como suporta mal a ausência de novidades, dialoga com o que está longe de si e por isso a sua natureza é eminentemente psíquica.

Este é o signo do oceano e do caranguejo que se fecha na sua concha. Há em si e à sua volta valores profundos, mas o mais provável é que só na maturidade venha a ter consciência disso. Possui um raro poder de evocação, um sentido histórico ou político seguro e uma sociabilidade amigável e sempre viva.

No plano fisiológico, deve dedicar-se à medicina psicossomática, já que os seus problemas de alimentação têm origem no seu nervosismo. É influenciado pelos ciclos da Lua, mais do que qualquer outro signo, e por isso deve ter um sono e uma alimentação saudáveis. Deve praticar um desporto aquático. Em caso de doenças crónicas, a paz poderá ser encontrada nos poderes do mar (a talassoterapia).

Ascendente Leão

É altivo e orgulhoso e pode exigir grandes feitos a si próprio, pois nunca se cansa de fazer coisas. Quer seja homem ou mulher, esta consciência das suas capacidades impedi-los-á de fazer coisas vulgares ou mesquinhas. Os seus empreendimentos são realizados com brilho e com aplicação, às vezes até mesmo com brio, mas também com temeridade e excesso de confiança na lealdade dos outros e nos meios ao seu dispor. Está sempre pronto a estender uma mão firme aos outros mas não gosta de partilhar a autoridade.

São inegáveis os seus dons de emoção e de expressividade, sobretudo na mulher. Sente-se tão à vontade no teatro como numa reunião. No caso do homem, este é corajoso e fulgurante e possui a preciosa capacidade da fé, que na origem é a confiança em si mesmo. Este nativo é acusado de gostar de dominar mas é leal e justo e por isso é raro haver cisões com os outros – e, se existirem, são facilmente resolvidas. Em vez de se explicar e de se desculpar, coloca a sua vontade à frente de tudo: não é uma vontade despótica ou tirânica, mas tão-só a origem de um grande fulgor.

No plano fisiológico, os seus pontos fracos são o sistema cardíaco, os ossos e os olhos. Possui no entanto uma vitalidade mais forte que o normal. Tem a capacidade de seduzir e o dom de criar desde o nascimento e é provável que os seus ascendentes tenham tido grandes fortunas ou títulos nobres (uma pesquisa neste campo poderia revelar-se surpreendente).

Ascendente Virgem

É muito crítico e nada lhe escapa; é um detective nato. O problema é que por vezes sente-se «mal na sua pele» por não conseguir manter-se afastado destas opiniões tão corrosivas e ácidas. É trabalhador e adepto dos métodos humanos; sempre atento aos desfavorecidos, entre os quais encontrará amizades dedicadas. Possui sentimentos obscuros mas é fiel e muito escrupuloso. O principal obstáculo às realizações de grande envergadura é a sua dedicação a tantas pequenas coisas.

Gosta das invenções e é muito engenhoso e bom técnico, sobretudo se for homem; na mulher, denota-se uma grande dedicação aos outros, o dom de aliviar os que sofrem e uma forte consciência profissional.

O seu sentido crítico vale para os dois sexos e presta-lhes mau serviço nas coisas do coração, pois mostram-se defensivos porque têm medo de desagradar. E quando fazem projectos neste campo, rodeiam o outro de atenções excessivas e quase o sufocam, pois tudo tem de ser levado ao mínimo pormenor tal como o sonharam. A sua vida será consagrada à profissão e ao amor, arriscando-se aquela a ser mais redutora se o nativo teimar em ser calculista e passar tudo pelo seu crivo.

Possuirá uma considerável erudição e interessar-se-á por tudo o que diz respeito à saúde e à higiene, às dietas, à medicina e à química.

É um professor nato, tem grande delicadeza e a sua exactidão permite-lhe ter acesso às profissões científicas. O mal reside, porém, no facto de o seu temperamento lhe fechar as portas da fé.

No plano fisiológico, a emoção e o nervosismo paralisam--lhe um pouco as funções digestivas e sofrerá dos intestinos se não seguir fielmente uma dieta rigorosa. O plano sexual tem para si algo de enigmático e arrisca-se a pecar por excesso ou por falta. Deve desconfiar da psicanálise e só deverá sondar a sua personalidade por meio da fé e da luz e não pelas trevas, nas quais se perderia sem salvação.

Ascendente Balança

É extrovertido, generoso e desejoso de ser vedeta, despertando uma simpatia e atenção gerais. As suas opiniões são serenas e gosta de tudo o que é suave; é mais dado a aprovar que a recusar e evita magoar os outros, o que lhe traz muitos amigos.

Encara a cortesia como uma necessidade nas relações humanas e por isso também lha dão. Engana-se quem pensar que a sua vontade é indecisa; a verdade é que em qualquer circunstância há sempre nele um grande diplomata. Está predestinado a ser bem sucedido no contacto com o público ou com clientelas. Os seus trunfos são a subtileza, a inteligência e a capacidade de agradar. Por outro lado, sabe julgar sem paixão.

No plano da saúde, deve proteger a coluna vertebral e os rins. O homem pode ser afectado por problemas da próstata por volta dos cinquenta anos e na mulher há a possibilidade de problemas da bexiga; as indicações terapêuticas residem na homeopatia e nos remédios sem violências. Acrescente-se ainda o sentido artístico e o amor à beleza sob todas as suas formas. Será sempre requerido para convívio porque sabe convencer.

Ascendente Escorpião

É um rebelde nato e poderá dizer não a tudo, simplesmente porque isso lhe agrada. Mas esta oposição ao que o rodeia poderá tornar-se também em oposição ao conformismo e à facilidade. É audaz e ardente e possui muitos recursos. Segue sempre pelo caminho menos percorrido pelos outros. É febril e cheio de paixão e com ele a vida nunca será monótona.

O seu sangue-frio leva-o às acções mais arriscadas. Não gosta de perdoar, quer na vida social quer nas questões do amor. Age em todas as áreas como um revelador e não deixa ninguém indiferente: suscita o combate ou o amor. A sua sexualidade arrisca-se a ser imperiosa e se não a controlar arrepender-se-á dos seus impulsos e ímpetos. Como suscita muitos conflitos, não lhe basta ter uma mente fria, um espírito activo e lúcido, uma força de trabalho superior à média ou opiniões sem rival. Deve tentar ver mais longe que o amanhã e continuar sempre a desprezar a facilidade.

Nunca perde a cabeça, e quer a mulher quer o homem são feitos de uma fibra que o desespero não consegue amolgar. Talvez por esta razão é que mesmo aqueles que os amam achem difícil a vida ao seu lado, já que exigem o heroísmo (coisa que raramente obtêm). A vida é assim e disso se convencerão aos poucos.

No plano fisiológico, deve precaver-se contra os envenenamentos, sobretudo os que são causados por toxinas. Tem tendência para se intoxicar e por isso deve usar remédios naturais. Alguns males ligeiros não interferirão muito na sua capacidade de trabalho, como o sistema digestivo, as hemorróidas, os intestinos, o seu forte nervosismo e emotividade ou as anginas frequentes. Pertence ao pequeno grupo dos verdadeiros criadores e a astrologia não lhe está a dizer nada de novo quando refere que raramente são compreendidos pelos outros. Acrescente-se que possuem dons ocultos que devem despertar, o que lhes trará dificuldades mas também o contacto com a terra nova e a fruição de um novo oceano e Sol.

Ascendente Sagitário

Há nele o filósofo ou o professor, o desportista, o viajante ou o entusiasta. É mesmo uma natureza dupla, aspecto que por vezes lhe escapa. Nele aliam-se o optimismo e a sorte. Respeita as convenções e as leis morais mas anseia por mudanças e descobertas, quer no âmbito intelectual, físico, desportivo ou religioso.

Acha que a liberdade é necessária em todas as relações humanas e a sua independência não tolera qualquer constrangimento. Sente muita curiosidade por tudo o que ultrapassa a rotina diária e há um fundo de erudição e uma sede pelo que está longe de si. Ama as crianças e é dotado para o ensino, campo em que será bem sucedido. Poderá revelar-se nele tardiamente um lado místico. É mais afortunado que a maioria e será respeitado no seu meio social, cativando muitas simpatias calorosas.

No plano da saúde, deve avisar-se dos males de fígado e ter cuidado com a alimentação. Engordará com o avanço da idade, sendo recomendável controlar o peso e socorrer-se da fitotepia, ou seja, da boa e velha medicina das plantas, hoje ao serviço do lucro dos laboratórios.

Deve optar sobretudo por desportos de equipa, como o golfe ou o ténis, já que o exercício físico lhe é mais necessário que a qualquer outro signo. Além disso, o desporto proporciona-lhe não apenas um passatempo e um benefício, mas também o ajuda a fazer mais amizades. Algumas pessoas podem achá-lo convencional porque ignoram o seu eu profundo e as suas capacidades de meditação e de mediação.

Ascendente Capricórnio

É ambicioso e sabe que caminhos deve seguir, mesmo que seja por atalhos, para atingir os seus fins. A maior parte das vezes é observador e silencioso; é muito reflectido, concentrado e voluntarioso, não deixando os outros perceber os seus desejos. Possui a capacidade inata de modificar os acontecimentos, o que se deve à sua paciência, persistência, hábitos de prudência e de desconfiança. Nunca abre a porta toda.

Assim escudado, é bem sucedido em qualquer empreendimento que o faça sair da sua terra natal e o promova. O preço a pagar será por vezes uma certa solidão mas como é pessimista depressa se desfaz dela. Esta solidão foi especialmente pesada durante a infância, o que desde logo o fez sentir-se diferente dos outros. Deve planificar o presente para preparar o futuro. Esconde o seu nervosismo mas isso torna-o vulnerável ao desalento e às vezes poderá questionar-se sobre a razão de tanto esforço.

Possui grandes capacidades de trabalho que, sendo bem coordenadas, o ajudam a ultrapassar tal desalento. Submeterá sempre a sua vida privada à vida social e estará sempre a traduzir em factos a sua concepção ideal. Poderá ser acusado de egoísmo, de avareza e de ambição mas se a sua vontade for cada vez mais forte (o que é característico deste ascendente saturniano), as pessoas vergar-se-ão perante ele. O que ele procura é mais a obediência que o amor.

No plano da saúde, sofrerá dos ossos, nomeadamente por causa do excesso de ácido úrico. Falta-lhe agilidade e deveria praticar ginástica. Tem um temperamento artístico e por isso a montanha é-lhe benéfica, assim como as estadas junto a lagos. Mais do que qualquer outro, deve saber suportar a solidão e inspirar-se nela.

Ascendente Aquário

Está destinado a uma vida social importante, devido aos seus excepcionais dons de invenção e por causa do seu desejo de reger harmoniosamente a colectividade em que se insere. Acredita que tudo pode ser melhorado, apesar de todas as vicissitudes, e está disposto a lançar-se de corpo e alma à obra.

É inteligente e aberto, cheio de franqueza e de espírito de iniciativa, sendo mais dotado para se ocupar de tudo o que lhe é exterior do que das suas próprias coisas ou família. O seu sentido de fraternidade é quase ilimitado e a sua independência é o seu mais precioso bem. Acredita em palavras como liberdade e nunca se cansa de tentar realizar o seu ideal, desprovido que está de constrangimentos e de espírito dictatorial. Algumas pessoas podem achá-lo um bocado idealista mas ele ri-se e continua a esforçar-se para juntar e unir.

Uma das suas características mais notórias é a impulsividade e por isso deve precaver-se de possíveis choques daí decorrentes, nomeadamente quanto aos riscos de acidentes de viação. Apaixona-se por tudo o que é moderno: o avião, a rádio, os foguetões, a televisão, etc. Consegue criar mas apenas no ambiente de liberdade que a sua personalidade exige. A sua vida afectiva não será provavelmente simples e no decurso da sua vida conhecerá pelo menos um divórcio ou a ruptura de uma longa ligação.

No plano da saúde, deve obedecer a uma dieta que evite problemas do coração e das artérias; deve pôr de lado óleos, gorduras, tabaco e álcool e optar por alimentos naturais e valer-se da homeopatia em caso de doença. Necessita regularmente do campo e do mar para repousar, pois tem tendência para trabalhar excessivamente.

Deve tentar fazer parte de associações e não deve hesitar em pedir aos amigos para se lhe juntarem. Também lhe seria útil aprender uma língua estrangeira, pois terá muitos contactos com estrangeiros.

Ascendente Peixes

Possui uma emotividade muito forte e mergulha frequentemente numa espécie de oceano à medida das suas emoções e intuições, o que faz dele um místico e um religioso mesmo sem se dar conta disso. Ora, estas faculdades ocultas são preciosas e o nativo deve utilizá-las para combater a ansiedade que suscitam, apelando constantemente à sua vontade. Tem tendência para se dedicar aos outros e dava um excelente médico ou enfermeiro. Quer seja homem ou mulher, valoriza-os uma sensibilidade tal que se estudassem música, poesia, artes ou decoração, alcançariam grande mestria. São hospitaleiros e calorosos, dados a receber, a alimentar e a cuidar dos outros. A convicção empurra-os para o estudo de assuntos inusuais como a teologia, por exemplo.

Os seus casos sentimentais serão flutuantes devido ao seu temperamento irresoluto. Como não quer magoar nem vexar ninguém, prefere suspender a verdade. Deve desconfiar sempre da sua tendência para desculpar as suas fraquezas e inclinações. Costuma reagir pela fuga ou recorrendo à doença.

No plano da saúde, deve fortalecer a coluna vertebral e optar por dietas que não cansem os intestinos; é também muito sensível aos micróbios, nomeadamente às afecções pulmonares. Deve praticar um desporto como a natação ou o alpinismo.

A psicanálise e as formas associadas a estes ascendentes apelam a forças que nos assombrariam e que seguramente nos destruiriam, levando a que o nosso desejo de força fosse substituído pela impotência. Não devemos pois confiar em forças que nos isolariam no Universo. Devemos apenas escutar as vozes que nos apelam a ultrapassarmo-nos pelo amor e pela verdade, pois estas nunca nos abandonarão.

2

A tradição e o «motor imóvel»

> *«Alá é a Luz dos céus e da terra. Esta luz é como a lareira onde arde um archote colocado num cristal semelhante a uma estrela brilhante; este archote é aceso com óleo da oliveira, uma árvore abençoada que não é oriental nem ocidental e cujo óleo brilha mesmo quando o fogo não o toca. É a luz sobre a luz. Alá traz à sua luz quem ele quer e propõe parábolas aos homens, pois ele conhece tudo.»*
> Alcorão, "Sûrat En-Nur" (A Luz)

Uma vez que estamos inseridos na modernidade, é necessário abstrairmo-nos um pouco da nossa vida actual para que possamos compreender os objectivos e motivos da astrologia, que não é uma magia qualquer.

Não é por acaso que muitos a praticam hoje sem possuírem qualquer qualificação para abordar o plano espiritual do qual a astrologia recebe a sua força e poderes, e não do poder temporal, cujos princípios lhe são totalmente indiferentes. Faz-nos lembrar o trabalho dos mineiros que cavam várias galerias ao acaso sem nunca verem a luz. O pior é que estas térmitas humanas não sabem realizar a sua tarefa de guiar para a luz aqueles que vêm atrás ou ao seu lado, apesar de terem jurado trazê-los a uma visão clara das coisas. Nenhuma outra ciência a não a ser a astrologia consegue abstrair-se do plano temporal.

Abundam hoje os «videntes» que pretendem iluminar a vida dos outros quando nem sequer conseguem lançar a mais ínfima réstia de luz sobre a sua própria vida e objectivos. Este pulular de charlatães não resulta somente do enfraquecimento do sentido crítico daqueles que os consultam (é natural que o sofrimento nos leve a recorrer, cheios de fé, a quem se diz médico); o espírito humano foi feito para crer e é essa a sua glória. Não acreditando no espírito, é natural que acreditemos na matéria.

Este excesso de charlatães evoca precisamente o fim do ciclo e a ruína dos princípios. Por isso, como não pode ser vencida pela obscuridade, a luz retira-se aos poucos e deixa o caminho livre para que a plenitude das trevas cresça até à meia-noite, a hora da escuridão em que elas se enfunam como velas fúnebres. Mas de novo virá o triunfo da luz da aurora e partir-se-á para uma nova idade de ouro.

Contudo, a astrologia não pretende apenas conhecer e dar a conhecer o futuro. Também alerta para o perigo de conhecermos o futuro. Deste modo, evita revelar acontecimentos que poderiam perturbar ou tirar a esperança, como a data da morte ou uma doença que a medicina ainda não sabe tratar. São raras as pessoas que a astrologia considera aptas para deixarem o mundo da matéria sem olhar para trás, sem lágrimas nem desespero. Por isso preconiza que o conhecimento do futuro se deve efectuar aos poucos e à medida que se vai progredindo para o centro de todas as coisas. É natural que as sombras desapareçam quando caminharmos em direcção à origem da luz. Aqueles que dominam o espírito alcançarão sem esforço este conhecimento do futuro. A isso chamamos «o motor imóvel» em ocultismo.

A roda das coisas simbolizada pelo Zodíaco representa este desejo perpétuo que leva a outro desejo e assim até ao infinito. No plano da carne, este encadeamento é dado em astrologia pelo ascendente (o nascimento do desejo) e pelo centro do céu (a culminação deste desejo). A extinção do desejo inscreve-se no descendente, imagem do Sol que toca o horizonte no ocaso (o crepúsculo), quando o coração flamejante desaparece para o mundo depois de o ter abrasado e desce no fundo do céu, à meia-noite, devolvendo-o à sepultura.

O astrólogo procura libertar-se desta lei impiedosa depois de ter compreendido este mecanismo e depois de ter estudado o que o homem de hoje não quer ver, ou seja, depois de saber que a matéria deve obedecer ao espírito e que a parte mortal deve subordinar-se ao que é imortal.

O determinismo astral é a lei mais clara até hoje proclamada, dado que cada desejo apenas tem uma satisfação efémera. A matéria é uma energia que se degrada[1] a todos os momentos e a cada segundo, e por isso não consegue responder à nossa sede de eternidade. Esta sede foi-nos concedida a nós, cegos mortais, quando a luz nos tocou e nos ressuscitou de entre os mortais, lançando-nos no mundo e imergindo-nos nas suas alegrias e dores. Como poderia a parte mortal satisfazer a nossa fome de imortalidade? A satisfação efémera só nos deixa um sofrimento amargo. À semelhança de toxicodependentes, recorremos a estímulos artificiais para nos livrarmos de um estado de carência.

Não queremos saber se estamos a desrespeitar e a violar as leis naturais. Deixamo-nos guiar por um orgulho monstruoso que atrai o trovão e que nos leva a instituir esta violação e desrespeito em «conhecimento científico», um conhecimento totalmente derisório ao lado do verdadeiro mas que satisfaz a nossa exigência de um álibi a qualquer preço, mesmo que não passe de uma mentira mesquinha.

Ousamos até falar de descobertas «científicas» e vangloriamo-nos quando destruímos as próprias raízes da existência. Estamos a tornar a vida completamente impossível: envenenamos o mar (que, como vimos, é o berço da vida e a transposição simbólica do útero materno) e poluímos os rios; mantemos um estado de guerra permanente no nosso planeta, não contentes com as armas e as leis que já temos; servimo-nos da química para deturpar a própria substância da matéria de modo a obtermos coisas que queimem, contaminem, envenenem e esterilizem ainda mais depressa! Até os nossos alimentos foram alterados.

E se as consequências são hoje visíveis, é precisamente porque passaram do espírito para a matéria, e não abandonarão mais este plano para o qual as trouxemos. Mas o astrólogo sabe

---

[1] Esta degradação corresponde à radioactividade. Há uma entropia da matéria (entropia: *ir para trás*, em grego) que se traduz pelo seu estado crescente de desordem. Sabemos que a radioactividade é a propriedade que certos elementos têm de se transformar noutros elementos por desintegração, o que é causado pela modificação do núcleo atómico, que emite radiações corpusculares ou electromagnéticas.

que confundimos a luz com as trevas e as trevas com a luz, pois o nosso espírito e a nossa concepção das coisas e dos «valores» continuam a ser envenenados, esterilizados, falsificados, desvalorizados e invertidos.

A astrologia nunca procurou triunfar sobre este plano da matéria nem rivalizar com as descobertas «científicas». Dada a natureza de tal opção, o astrólogo que se aventurasse por esse caminho comprovaria de imediato que estava a voltar as costas à verdadeira luz que emana do centro de todas as coisas, visando apenas vulgaridades que depois o vitimariam (como acontece a todos aqueles que optam pela matéria).

O astrólogo compreendeu a dualidade e precariedade deste mundo e retirou-se gradualmente de modo a só fazer ouvir a sua voz por aqueles que são sinceros e que estão preparados para compreender as premissas dos seus ensinamentos. Aliás, vários mestres espirituais verificaram já que até na sua própria carta astral os astros estão em exílio. Trata-se das velhas palavras do Evangelho: é impossível servir dois amos ao mesmo tempo. Os que crêem nas trevas não serão tocados pela luz e os que se dirigem para a luz sairão das trevas.

À medida que o estudante de astrologia for caminhando em direcção à luz, verá revelarem-se perante si todos os pormenores de uma paisagem surpreendente. Tudo se passará como se de repente saísse da noite para o dia: a luz da aurora é ainda tímida mas crescerá logo que o Sol surgir por cima do horizonte. A certa altura, o desejo enfraquecerá e será substituído pela fé e pelo conhecimento espiritual. Para trás ficará tudo o que ofendia e magoava, e então o estudante atingirá o domínio de si próprio. O que outrora era causa de dor, conflito, vaidade e orgulho, enfraquece agora perante a aparição de novos valores — tão ofuscantes quanto esse Sol que lentamente se ergue — que irão substituir os valores triunfantes de ontem e os despojará da sua falsa autoridade.

Devemos percorrer este caminho sozinhos até chegarmos ao domínio de nós próprios. A única força capaz de crescer e de permitir esta progressão é a virtude solar da vontade, já que a inteligência, uma vez mais, está destinada a defraudar-se continuamente, não oferecendo assim qualquer apoio.

*

O problema do mal está ligado à aparição das trevas e à doutrina dos ciclos. Somente a idade de ouro (simbolizada pelo metal não corruptível) representa o acesso directo às verdades divinas. O mito de Adão e Eva, tentados pela serpente corrompedora, reflecte este novo afastamento do centro ideal chamado «Paraíso». Aliás, em todas as línguas antigas, como o sânscrito, por exemplo, a própria etimologia da palavra «paraíso»* denota este centro.

É já ponto assente que a astrologia não é uma doutrina como as outras. Todas as nossas ciências profanas têm por objectivo modificar profundamente o meio em que vivemos e medir, classificar e pesar a matéria em que nos inserimos. O seu instrumento, também ele material, não consegue ultrapassar os objectivos a que estas ciências se propõem. Por mais forte que seja, a inteligência não consegue ultrapassar a matéria, pois não dá qualquer importância ao espiritual. Recorde-se que os cientistas do final do século passado não acreditavam em nada que estivesse fora da matéria, uma concepção medonha que apenas conduz ao vazio todos os nossos esforços de altruísmo e de amor. Se as coisas são assim, por que razão nos daríamos ao esforço de praticar a menor virtude social ou individual que fosse?

Ainda hoje os cientistas seguem o mesmo trilho até ao fim e afirmam que tudo é obra do acaso e da necessidade e que o próprio cérebro é, também ele, apenas matéria e o pensamento uma espécie de secreção natural, tal como a bílis é segregada pelas células hepáticas.

Os princípios de observação e de experimentação permitem progressos decisivos em tudo o que concerne à matéria. Contudo, as «descobertas» científicas não devem causar qualquer admiração já que o homem na realidade não «descobre» nada

---

* "Paraíso" provém de uma antiga palavra persa que significava «lugar fechado»: *pairidaeza*, formada de *pairi* (à volta) e *deisos* (construção). Passou para o grego sob a forma *paradeisos* e daí para o latim *paradisus*, originando as formas actuais da maioria das línguas europeias (*N. do T.*).

mas apenas verifica e depois tira partido das leis inerentes à matéria da conservação ou da degradação da energia. Mas nunca conseguirá modificar a matéria.

Não há nesta verificação qualquer «criação» uma vez que estamos apenas a imitar ciclos químicos, eléctricos, fisiológicos ou atómicos, além de que não podemos infringir as leis que governam a matéria.

As ambições da astrologia são totalmente diferentes. Enquanto a matéria e tudo o que lhe respeita é limitado pelo tempo e pelas suas proporções (de extensão, largura, altura e outras), que apenas nos dão números intermináveis, já a astrologia procura e conduz a tudo o que não é limitado:

– nem pela altura: e daí ela aconselhar que levantemos a cabeça e olhemos os astros;

– nem pelo cumprimento: e daí que o plano horizontal que ela utiliza (uma recta que vai do ascendente ao descendente) não seja de modo algum restringido por qualquer obstáculo. Pelo ascendente ligamo-nos aos nossos antepassados: pais, avós, bisavós e tão longe quanto possamos recuar. Pelo descendente perpetuamos noutro sentido esta cadeia biológica que damos a um filho ou sobrinho; por sua vez, estes darão a um neto ou segundo-sobrinho estas qualidades e defeitos que as nossas acções (o nosso *karma*) alteram subtilmente;

– nem pelo tempo;

– nem pelo espaço: o que vem dar a estas ausências de limitação em altura, largura, cumprimento, etc., de que falávamos acima.

A vontade é o campo de aplicação do pensamento e do espírito na matéria e está destinada a subjugar o tempo e o espaço. Qualquer outra aplicação é nula ou nefasta para o astrólogo tradicional (como é o caso da ciência moderna). Esta distinção encontra-se em todas as escrituras sagradas — no Evangelho é simbolizada pelas irmãs Marta e Maria — e é por causa dela que duas classes partilharam sempre o conhecimento: uma era o poder temporal, que tinha o direito de possuir armas, e a sua tarefa era repartir e organizar o poder; a outra estava investida do poder espiritual. Esta distinção é simbolicamente evocada pela tiara e pela cruz: a tiara regia os três mundos e os três estados da matéria e reagrupava-os na unidade; como os braços da cruz não têm limites, quer na vertical quer na horizontal, simbolizava os eixos das casas angulares sobre as quais se baseou a carta zodiacal.

Se reflectirmos bem, verificaremos que tudo o que respeita à matéria está necessariamente comprometido num movimento e numa modificação constantes; até o próprio poder temporal é forçado a seguir estes fluxos e refluxos materiais cada vez mais próximos do fim do ciclo. Pelo contrário, o poder espiritual procurou sempre abstrair-se deste movimento, e mesmo as interrupções exigidas por certos ciclos (por exemplo, o jejum no ciclo da alimentação ou o silêncio no ciclo da comunicação) tinham apenas como finalidade encontrar as condições mais favoráveis a esta procura. O espírito é como o rochedo que se ergue no mar turbulento.

Na astrologia, os planetas que representam esta visão celeste são Saturno e o Sol, que nos grandes místicos estão sempre em posição forte (nomeadamente em angularidade). Se nos lembrarmos de que a função de Saturno é elevar-nos e a do Sol iluminar-nos, chegaremos assim à definição do sumo pontífice ou do sacerdote que está no centro da cidade, da nação e da raça, tal como o ponto está no meio do círculo central ou no centro do círculo zodiacal.

Numa civilização tradicional, como a judaica (anterior à era cristã, que é sua filha), encontramos as doze tribos de Israel, cada uma associada a um dos doze signos do Zodíaco, cujo centro era o sumo sacerdote, que tinha por tarefa principal servir de intérprete do povo junto do Todo-Poderoso.

Assim, outrora a missão da astrologia era iluminar e conduzir à luz toda uma comunidade. Tal como em qualquer carta astral individual existe uma possibilidade de sublimação dos conflitos (indicados pelos aspectos violentos, pela quadratura e pelas oposições), no plano colectivo esta tarefa pertencia também ao sumo sacerdote (será desnecessário referir que ele era também o chefe da corporação dos astrólogos).

Há actualmente um grande número de astrólogos que se tomam por «progressistas» por comparação com os seus predecessores (dos quais ignoram as prodigiosas capacidades), mas são meros praticantes de uma ciência astrológica rudimentar, totalmente afogada na matéria pela exactidão de estatísticas sem qualquer utilidade. Podemos então afirmar que há duas espécies de astrologia, detectáveis pelo estudante sincero que aprofunda os seus estudos.

Por um lado, uma ciência astrológica que adopta os métodos das ciências actuais, nomeadamente os das ciências sociais: estatísticas, recurso à psicanálise e à psicologia sumária, à medida e ao cálculo de cada factor planetário. Só poderá resultar num imbróglio pretensioso e incapaz de esclarecer o futuro. Como segue os passos de uma época materialista, é ela que se adapta às modas e são os seus defensores que se atiram à publicidade ...e ao dinheiro.

Por outro lado, a astrologia tradicional, filha da Antiguidade, fiel aos objectivos que já definimos e cuja área se situa fora da matéria. Consoante as preocupações de quem a consulta, poderá esclarecer o passado, o presente ou o futuro, pois crê que qualquer preocupação sincera do homem com o seu destino é legítima. Todavia, segue sempre os princípios da analogia, da lógica e da intuição puras, sendo por isso contrária aos tempos actuais. Não deita mão da publicidade e não procura ninguém. Está fora de qualquer contacto político, racial ou religioso e não depende das convulsões de uma época que ela já julgou irremediavelmente, mas acolhe no seu «círculo imóvel» todos aqueles que vêm a ela. Só ela é capaz de trazer a paz e de nos conduzir a este centro onde as únicas batidas perceptíveis são as lentas pulsações[2] do coração na origem da Criação.

---

[2] A expansão e contracção do Universo, um ritmo cíclico que irá desembocar na unidade eterna.

3

O mapa astrológico: reflexo do nosso papel no Universo e das relações recíprocas entre microcosmos e macrocosmos

> «*É urgente esta advertência cruel:*
> *A vossa terra precisa que um verbo altivo, sincero e*
> *inocente tome como testemunha a ameaçadora sombra;*
> *É urgente alguém que se ouça ao longe*
> *e que fale mais alto que a voz vulgar.*
> *Essa é uma das funções que eu atribuo ao trovão.*»
>
> Victor Hugo, A Lenda dos Séculos

O «pensamento materialista» — a usarmos tal designação — abstém-se de compreender o Universo já que para si este é apenas o resultado de forças cegas, tal como os nossos olhos e coração mais não são do que células agrupadas ao acaso. Não existe nenhum Deus do qual derive qualquer finalidade. Na sua aparente harmonia, as coisas são produto do acaso: uma rosa, um factor fisiológico como a digestão ou a reprodução. Somos feitos de matéria e pereceremos com ela, não restando nada do que pensámos, amámos, desejámos ou criámos.

Esta terrível concepção domina o pensamento contemporâneo, à excepção de raros espiritualistas que agem como os seus antecessores.

Como vimos, a astrologia segue caminho contrário: ao conhecermos o Universo, conhecemos o homem, e vice-versa. O homem foi feito à imagem e semelhança do Universo, criado pelo centro, que é «Deus».

A carta astrológica surge pois como o espelho do papel que nos cabe no Universo. Segundo esta concepção, somos todos iguais, já que todos nós temos um papel e um destino a cumprir. É o que todas as religiões tradicionais afirmam, que todos somos «filhos de Deus».

O leitor pôde já determinar de maneira rápida o seu ascendente e verificar que o signo solar é dado pela hora de nascimento. Com a prática, ser-lhe-á fácil determinar (para si ou para os seus próximos) os talentos resultantes da combinação do ascendente e do Sol de nascimento. Os leitores interessados poderão aprender a executar a sua própria carta astrológica com a ajuda de um manual sério.

Relação entre ascendente e signo solar

Sol em Carneiro e ascendente Carneiro: os seus trunfos são uma grande força física, o impulso para os ideais, o desejo de se lançar à aventura e a coragem resultante do conhecimento de si mesmo. É orgulhoso e voluntarioso e é mais impetuoso que ponderado. Impulsivo e entusiasta, nasceu para aventuras arriscadas e arrebatadas.

Sol em Carneiro e ascendente Touro: é muito forte o seu desejo de construir e edificar. Um dos seus trunfos é um amor que terá grande importância na sua vida. Possui uma grande força emocional e é capaz de fanatismo. Deve precaver-se de processos judiciais e a certa altura da sua vida a política arrisca-se a ser traiçoeira.

Sol em Carneiro e ascendente Gémeos: conseguirá desembaraçar-se do nervosismo pela acção. Possui grande delicadeza e gosta de se deslocar, de viajar e de estar sempre em movimento. Os seus dons são a ironia, a juventude eterna, um grande círculo de amigos e oportunidades súbitas que lhe permitirão minimizar a sua falta de concentração.

Sol em Carneiro e ascendente Caranguejo: os seus talentos são o pendor para o sonho e as ambiências. Apesar de ser um bocado caprichoso e indeciso, gosta de confiar no seu instinto. Alterna períodos de grandes empreendimentos com outros em que é excessivamente inconstante, e assim muitas coisas não passarão de sonhos. Deve preocupar-se mais com os problemas familiares.

Sol em Carneiro e ascendente Leão: a sua felicidade reside no seu orgulho, força de carácter, impulsividade e autoridade. Está sempre desejoso de liderar empreendimentos e por isso nunca deve resignar-se a posições subalternas. Deve criar coisas para si. Tem sempre boas intenções e será muito sedutor no amor.

Sol em Carneiro e ascendente Virgem: é um pouco complicado e escrupuloso. Utilizar o seu sentido crítico e os seus dons nas áreas comerciais serão as suas vantagens. Poderá também ser excelente médico, técnico, funcionário, etc. Possui o sentido do pormenor e capacidade de trabalho que atinge a eficácia.

Sol em Carneiro e ascendente Balança: é caloroso e simpático e consegue fazer os outros compreenderem a sua perspectiva dramática da existência. Deve precaver-se de processos judiciais. É possível que o seu temperamento apaixonado o conduza a várias ligações amorosas. É extrovertido e dotado para o ensino, medicina ou justiça.

Sol em Carneiro e ascendente Escorpião: possui uma força considerável mas os outros acham-no um bocado agressivo. As suas emoções transbordam como o leite quando ferve. É desembaraçado e decidido mas terrível inimigo. Os acontecimentos dão-lhe frequentemente razão.

Sol em Carneiro e ascendente Sagitário: a sua felicidade depende de mudanças, de descobertas e do seu poder de convencer os outros. Dá um bom professor e também um bom desportista. É corajoso, cheio de vitalidade e de franqueza, muito apaixonado pelos espaços abertos. O seu sentido de justiça empurra-o sempre para a frente.

Sol em Carneiro e ascendente Capricórnio: é muito ambicioso e isto leva-o a chegar muito longe. É um panfletário nato e possui o ardor necessário para alterar os acontecimentos em seu proveito. É mais corajoso em palavras que em actos; é pouco paciente e só ganharia se fosse mais diplomata.

Sol em Carneiro e ascendente Aquário: é sociável e facilmente controla as emoções. É muito feliz nas suas relações com os outros e possui o dom particular de sugerir soluções novas e progressistas. É humano e dava um cientista subtil, sempre a tentar conciliar a iniciativa e a liberdade. A sua felicidade depende sobretudo da sua sociabilidade.

Sol em Carneiro e ascendente Peixes: é charmoso, cheio de imaginação e de fogosidade; é bom actor, tem muitos talentos e está sempre atento aos pormenores escondidos. Sabe inspirar confiança e com ele a vida nunca será enfadonha. É dado ao mistério, o que intriga os outros.

Sol em Touro e ascendente Carneiro: as suas oportunidades abarcam as áreas materiais e imobiliárias e os seus trunfos são o seu sentido do concreto e a sua espantosa perseverança. Algumas pessoas vêem-no como interesseiro mas sabe ser generoso, embora apenas quando se lembra. O campo faz-lhe bem e a sua vitalidade permite-lhe todas as ousadias; no entanto, dispersa-se e tem medo de arriscar pois tem tendência a ser prudente.

Sol em Touro e ascendente Touro: é uma pessoa firme e a sua tenacidade leva-o a ultrapassar todos os obstáculos de forma a conseguir alcançar os seus objectivos, apesar de todos os conselhos, interesseiros ou não. É dado às artes, tem uma bela voz e sabe seduzir. Ama a saúde e o que é saudável, claro e luminoso. É guloso e deve evitar os excessos.

Sol em Touro e ascendente Gémeos: os seus dons são sem dúvida a sua capacidade de trabalho e a sua subtileza. Mas tem tendência para fazer promessas que não consegue cumprir, o que lhe pode sair caro no plano financeiro. Umas vezes é hesitante, outras obstinado, e por isso deve procurar o meio-termo. O seu sentido artístico e um certo sucesso nas relações humanas reservam-lhe boas surpresas.

Sol em Touro e ascendente Caranguejo: encara a vida de maneira poética e os seus trunfos são o *charme*, o desejo de produzir coisas, de ordem e de naturalidade (ama a natureza e o mar). É uma pessoa pacífica e a sua infância aproxima-o do passado e inspira-o.

Sol em Touro e ascendente Leão: é uma pessoa robusta e pujante; é bom negociante e quer deixar sempre a sua marca em tudo, e por isso poderá realizar grandes obras. Tem uma personalidade generosa mas também é altivo e muito possessivo, o que poderá trazer-lhe graves problemas no âmbito do amor.

Sol em Touro e ascendente Virgem: os seus talentos são sobretudo o seu faro para os negócios; é uma pessoa sensata e firme, perseverante e eficaz. Possui uma capacidade de trabalho acima da média e tem êxito no contacto com o estrangeiro.

Sol em Touro e ascendente Balança: se for dado às artes, será delicado, subtil e perseverante. É dotado para o contacto humano e facilmente consegue seduzir o sexo oposto. Há nele um talento de orador, resultante do seu magnetismo.

Sol em Touro e ascendente Escorpião: fascina-o tudo o que é humano, misterioso e oculto. Tem muita vitalidade graças a uma sexualidade mais desenvolvida que na maioria. Será confrontado muitas vezes mas as suas capacidades de defesa transformarão estes ataques num trampolim para o sucesso.

Sol em Touro e ascendente Sagitário: os problemas filosóficos e religiosos seduzem-no muito mas também gosta de viver. Nele coexistem a luxúria e a inteligência e está destinado a obter riqueza.

Sol em Touro e ascendente Capricórnio: tem uma paciência ilimitada e gosta de tudo o que é robusto e produz sons límpidos. O desejo de continuidade ajusta-se aos seus empreendimentos e a sua velhice trar-lhe-á muitos benefícios.

Sol em Touro e ascendente Aquário: atraem-no os problemas filosóficos e sociais mas ninguém duvida de que é dotado para todas as questões financeiras. Nunca se cansa de fazer coisas e o seu principal trunfo é a capacidade de gerir.

Sol em Touro e ascendente Peixes: é dedicado, caridoso, piedoso e religioso. Os seus talentos são a capacidade de produzir coisas, a honestidade, o sentido artístico e o dom de fazer amigos. O seu instinto compele-o a construir e a acumular, mas sem parcimónia nem excesso de possessão.

Sol em Gémeos e ascendente Carneiro: é dotado para tudo o que diz respeito à vida moderna e apresenta traços de intelectualismo, como o jornalismo, por exemplo. Há nele uma juventude fogosa e o amor pelas viagens. Sonha escrever e fará boa figura nos desportos que requerem bons reflexos.

Sol em Gémeos e ascendente Touro: é ao mesmo tempo fantasioso e sério, comediante e paciente. Terá sucesso com o sexo oposto e com ele as relações humanas devem traduzir-se sempre num proveito imediato. Cativa facilmente as crianças e os animais.

Sol em Gémeos e ascendente Gémeos: é nervoso, brilhante e caloroso, mas bastante inquieto. Precisa de estar constantemente a mexer-se, a viajar e a estabelecer relações. É inteligente e, independentemente da sua educação, terá muita curiosidade pelo mundo que o rodeia. Falta-lhe concentração mas recuperá--la-á oportunamente.

Sol em Gémeos e ascendente Caranguejo: está sempre a duvidar de si próprio e é muito desconfiado. Foi-lhe difícil deixar a família e cortar o cordão umbilical. Os seus predicados são a sensibilidade, a inteligência e a visão poética das coisas. Mudará várias vezes de emprego.

Sol em Gémeos e ascendente Leão: é uma pessoa brilhante e dotada para a educação. As suas oportunidades residem sobretudo na arte e no ensino, mas também nas carreiras que têm a ver com a autoridade, como a vida militar, por exemplo. É uma pessoa com duas personalidades e assim a sua vida passará por duas fases distintas. Os seus trunfos são a sedução e a capacidade de trabalho.

Sol em Gémeos e ascendente Virgem: é indeciso e não sabe muito bem que caminho há-de seguir, quer no amor quer nos negócios ou na vida profissional. Mas como é uma pessoa subtil, estes dilemas podem ser a base da sua profissão. A inteligência é o seu principal dom.

Sol em Gémeos e ascendente Balança: possui um sentido de justiça muito desenvolvido e terá êxito no estrangeiro. As oportunidades surgem-lhe frequentemente e traduzir-se-ão em sucessos sociais consideráveis.

Sol em Gémeos e ascendente Escorpião: em certas ocasiões poderá sentir-se possuído ou assombrado. A sua felicidade consiste sobretudo no seu dom de criar e de dar vida a fantasmas, mas isso leva-o a torturar um bocado quem o rodeia. Deve ter cuidado com o seu sentido crítico de modo a não destruir a felicidade conjugal.

Sol em Gémeos e ascendente Sagitário: é um actor nato e nele haverá sempre um lado infantil. Nunca cumpre as promessas mas ninguém lhe quer mal por isso. As suas qualidades são a agitação e a sedução.

Sol em Gémeos e ascendente Capricórnio: possui sentido de justiça e seguirá uma carreira liberal que lhe trará grandes oportunidades devido ao seu trabalho aplicado, que por vezes o deixa nervoso. Os seus trunfos são a ambição e o pendor social.

Sol em Gémeos e ascendente Aquário: ajusta-se instintivamente a quem o rodeia e por isso deve dedicar-se às ciências sociais, como o sindicalismo ou a política, pois sabe propagar e difundir ideias. A obediência é a sua principal qualidade, o que lhe facilitará o acesso a novos meios.

Sol em Gémeos e ascendente Peixes: é dotado para a música, medicina e economia. A sua juventude foi de certeza marcada por uma grande timidez, e por isso receia o isolamento e evita a reclusão. Deve ter muito cuidado com as drogas. A subtileza é a sua principal qualidade e tenta sempre ultrapassar as suas fraquezas.

Sol em Caranguejo e ascendente Carneiro: é dotado para as transacções e para o desenvolvimento de negócios familiares, pois tem grande apreço pela família. As suas qualidades são a sensibilidade e o desejo de progredir e avançar sempre.

Sol em Caranguejo e ascendente Touro: a indolência e a preguiça que lhe criticavam na juventude não lhe trouxeram grandes resultados. É um intermediário eficaz e inteligente e deve aliar uma visão poética ou artística (aspectos raros nele) às suas qualidades financeiras. Terá êxito numa fase tardia da sua vida.

Sol em Caranguejo e ascendente Gémeos: a sua eterna fantasia é uma autêntica fonte de inspiração e por isso dava um bom romancista. Mas também tem dons para conquistar um público devido à sua perseverança e intuição. Terá bens imobiliários importantes.

Sol em Caranguejo e ascendente Caranguejo: gosta da água e do mundo do sonho e poderá ganhar uma grande popularidade rapidamente. Possui uma grande intuição e há nele uma espécie de médium. No entanto, é uma pessoa fantasiosa e muito susceptível. Terá sorte com as mulheres.

Sol em Caranguejo e ascendente Leão: sabe guardar segredos e possui uma grande força moral e ideais. A família e os filhos são muito importantes para si, apesar de poder ter de dar provas. Os seus trunfos são a fantasia e a diplomacia e tem sempre muito cuidado para não chocar os outros. Possui um notável sentido artístico.

Sol em Caranguejo e ascendente Virgem: é um bom economista, professor ou comerciante. O seu sentido crítico permite-lhe fazer progressos em todos os domínios, mas falta-lhe somente um pouco de confiança em si. As suas qualidades são a inteligência e a sociabilidade.

Sol em Caranguejo e ascendente Balança: está destinado a dar origem a uma colectividade porque se interessa pelos outros. Destaca-se pelo seu sentido de justiça e espírito subtil.

Sol em Caranguejo e ascendente Escorpião: as suas qualidades são a flexibilidade, a visão criativa das coisas e o impulso inventivo, sempre aliados a uma grande força de inspiração. Interessa-se pela arte e pelos problemas metafísicos.

Sol em Caranguejo e ascendente Sagitário: gosta de viajar e, se lhe fosse dada a oportunidade, partiria para longe pelo mar. Recusa tudo o que o aprisiona e há nele uma grande dedicação e preocupação social.

Sol em Caranguejo e ascendente Capricórnio: dava um bom funcionário devido ao seu espírito preciso e claro; é capaz de seguir um caminho sem se desviar e por isso algumas pessoas poderão acusá-lo de ter uma vida rotineira. Detesta a solidão e por isso aderirá a um partido.

Sol em Caranguejo e ascendente Aquário: os seus talentos residem numa grande inspiração e numa forte sociabilidade. Terá problemas familiares. É uma pessoa original e está destinada a conhecer outros meios, além daquele em que nasceu.

Sol em Caranguejo e ascendente Peixes: a sua inspiração e sensibilidade não têm limites. É piedoso com os outros e muito romântico. O amor será para ele uma importante experiência emotiva e sensual. Ninguém duvida de que teria êxito numa carreira de contacto com o público ou multidões (a fotografia, a arte, etc.).

Sol em Leão e ascendente Carneiro: terá sempre êxito se for sempre à frente. É uma pessoa intrigante, nunca deixa os outros indiferentes e por isso muita gente tem ciúmes dele. Há nele uma grande força e ímpeto para a luz.

Sol em Leão e ascendente Touro: a sua vida tornar-se-á um bocado complicada devido a problemas financeiros, mas está destinado a enriquecer. É muito possessivo e o seu orgulho exagerado é tido como provocação pelos que o rodeiam.

Sol em Leão e ascendente Gémeos: os seus dons de juventude, confiança e humor parecem inesgotáveis. Sabe divertir e seduzir; e, quando quer, sabe ser brilhante, cortês, cavalheiresco e subtil.

Sol em Leão e ascendente Caranguejo: o seu talento para convencer os outros pode impulsioná-lo rapidamente para os primeiros lugares. É uma pessoa sociável e desprovida de egoísmo e assim consegue inserir-se em todos os meios.

Sol em Leão e ascendente Leão: conseguirá satisfazer o seu desejo de alcançar o primeiro lugar. Tem bastante à-vontade e é uma pessoa calorosa e convincente. Muita gente invejar-lhe-á as capacidades, mas isso não o afectará. A sua vida apresentará uma mudança muito importante todos os onze anos.

Sol em Leão e ascendente Virgem: deixa-se levar demasiado pelo seu sentido crítico e muitas vezes tem medo de ser ousado; aliás, em certas circunstâncias fica paralisado. As suas qualidades são o espírito subtil.

Sol em Leão e ascendente Balança: gosta da vida mundana, o que lhe trará êxitos consideráveis. É leal e desinteressado e amigos influentes poderão ter um papel importante no seu destino.

Sol em Leão e ascendente Escorpião: sabe ser impiedoso quando quer. Há nele o desejo de se destacar e brilhar. Se não tiver um destino excepcional, é porque as suas imprudências foram excessivas.

Sol em Leão e ascendente Sagitário: os seus trunfos são o calor de expressão e pensamento. Se souber dedicar-se aos estudos, poderá ter bastante gente à sua volta. É uma pessoa sincera e desinteressada.

Sol em Leão e ascendente Capricórnio: pode aspirar a cargos de autoridade ou de gestor. Algumas pessoas poderão achá-lo impiedoso mas ele pensa que uma mão de ferro é difícil de vencer. A sua ambição será satisfeita.

Sol em Leão e ascendente Aquário: como é uma pessoa inteligente e sociável, tudo depende da sua opinião; poderá parecer quimérico aos olhos dos outros, mas ele sabe controlar-se. É extrovertido e sabe dinamizar grupos e associações.

Sol em Leão e ascendente Peixes: tem todas as possibilidades de seduzir e intrigar. Possui sentido artístico e um sorriso que o torna inclassificável. Atrai-o tudo o que é misterioso. Consegue adivinhar o mundo dos outros mas nunca deve deixar que isso aconteça consigo.

Sol em Virgem e ascendente Carneiro: as suas qualidades são a modéstia e a capacidade de trabalho e não tem razões para se subestimar: é eficaz, tem sentido crítico e uma sensatez rara.

Sol em Virgem e ascendente Touro: gosta de aliviar os outros e possui muitos talentos. Nunca é irrealista e sabe zelar pelos seus interesses. Está sempre vigilante em todas as transacções e, se quiser, poderá ser um excelente técnico.

Sol em Virgem e ascendente Gémeos: é uma pessoa muito inteligente mas não sabe valorizar-se, tendo tendência a subestimar as suas capacidades amorosas. O seu nervosismo algema-o. As suas qualidades são a aplicação nos estudos e o sentido crítico.

Sol em Virgem e ascendente Caranguejo: é dotado para a química, farmácia, comércio e artesanato, pois é minucioso e hábil; sabe ser observador e consegue captar o que escapa aos outros. Aprecia tudo o que tem a ver com as questões sociais ou sindicais.

Sol em Virgem e ascendente Leão: está predestinado a enriquecer, sem dúvida devido ao exercício de uma profissão liberal. Tem sentido de humor mas é bastante susceptível. São notáveis os seus dons para comunicar aos outros a sua sabedoria.

Sol em Virgem e ascendente Virgem: é muito subtil e sabe estar em todas as situações. Não sabe bem como valorizar-se mas a sua dedicação irá trazer-lhe simpatias preciosas. Apaixona-o tudo o que pertence ao campo da saúde ou da higiene.

Sol em Virgem e ascendente Balança: os seus dons indicam-no para a medicina e ciências jurídicas. Raramente é um apaixonado e duvida muito de si próprio. Os casos amorosos arriscam-se a ser dolorosos se não souber escolher oportunamente.

Sol em Virgem e ascendente Escorpião: o seu sentido crítico é perigoso e até corrosivo. Ninguém o consegue enganar e é-lhe difícil suportar as pessoas pouco inteligentes. Dava um excelente detective pois tem queda para resolver enigmas.

Sol em Virgem e ascendente Sagitário: os problemas morais e filosóficos podem levá-lo a mudar completamente de vida. Sente-se frequentemente dividido em dois e necessita de agir para dominar a sua inquietação. As suas qualidades são a capacidade de análise e de pesquisa.

Sol em Virgem e ascendente Capricórnio: é minucioso e provido de um grande sentido prático; é observador mas um bocado fútil por vezes. A lei e tudo o que é formal levam-no a pensar assim. Os seus trunfos são a paciência e o sangue-frio.

Sol em Virgem e ascendente Aquário: está destinado a ocupar um cargo de contacto frequente com o público. Sabe fazer amigos e é inventivo. Os problemas de saúde apaixonam-no. Teme desagradar no amor mas devia ser mais audacioso.

Sol em Virgem e ascendente Peixes: é nervoso e crê que tem pouca vitalidade. Traz-lhe muitos benefícios contactar com o mar, estar só e ter consciência dos problemas religiosos, sobretudo se não se subestimar, pois é uma pessoa intuitiva e empreendedora.

Sol em Balança e ascendente Carneiro: está destinado a realizações sociais e pode tornar-se num excelente conselheiro para os outros. Possui a capacidade de ponderar amadurecidamente cada decisão. Um processo judicial terá um papel preponderante na sua vida.

Sol em Balança e ascendente Touro: possui sentido artístico, inteligência subtil e cheia de *nuances*. As suas qualidades são o sucesso financeiro e a capacidade de seduzir.

Sol em Balança e ascendente Gémeos: não é muito fiel, talvez devido à sua grande capacidade de seduzir. Dispersa-se um pouco mas não há dúvida de que possui grandes faculdades intelectuais.

Sol em Balança e ascendente Caranguejo: consegue irritar os melhores amigos devido à sua fantasia e descomprometimento com as coisas. Atrai-o a política e possui verdadeiros trunfos, podendo ser rapidamente popular.

Sol em Balança e ascendente Leão: coloca a subtileza acima de tudo. Tem necessidade de uma vida sossegada pois tem tendência para o luxo e talvez até para a facilidade. As suas qualidades são o prazer que dá ao outro sexo.

Sol em Balança e ascendente Virgem: possui um sentido crítico subtil. É delicado e daria um excelente juiz. Mas o talento para os negócios é também inato nele. Tem possibilidades de se associar e lucrar por via de um acordo.

Sol em Balança e ascendente Balança: consegue ser vedeta sem fazer muito esforço para isso. É muito preciosa a sua capacidade de apreciar imediatamente qualquer situação. As suas qualidades são o dom de ser justo e uma grande sedução.

Sol em Balança e ascendente Escorpião: é corajoso mas temerário e nem sempre sabe ver bem as coisas. Um processo judicial representará uma reviravolta importante na sua existência. Gosta da sexualidade em si e as suas relações com o outro sexo serão sempre apaixonadas.

Sol em Balança e ascendente Sagitário: poderá ocupar um cargo ou um posto de trabalho no estrangeiro. É dotado para diplomacia e para expor claramente as suas ideias e comunicar com os outros. Há nele uma franqueza e uma clareza que são nítidas mesmo para os mais obtusos.

Sol em Balança e ascendente Capricórnio: é muito ambicioso mas deve saber esperar para realizar as suas ambições. É aconselhável que faça parte de uma associação, de um sindicato ou de um partido, pois um dia poderá ter aí um papel importante.

Sol em Balança e ascendente Aquário: o seu sentido de justiça alia-se à sua preocupação social. Os seus trunfos são a visão clara das coisas, ao que se junta um raro magnetismo e capacidade de compreensão.

Sol em Balança e ascendente Peixes: é muito misterioso e não gosta que os outros sejam curiosos sobre a sua vida; mas o facto é que é muito impressionável. As suas qualidades são o *charme*, a subtileza, as alianças que pode fazer e também o seu sentimentalismo, que prolonga o seu sentido artístico.

Sol em Escorpião e ascendente Carneiro: quem o conhece mal acha que é uma pessoa rude e pouco dada aos carinhos. Na verdade, pode ser muito agressivo e vingativo quando confrontado. Mas possui uma coragem e firmeza que fazem dele um companheiro invejável. Os casos amorosos não serão fáceis com ele devido à sua sexualidade complicada.

Sol em Escorpião e ascendente Touro: consegue tirar de si grandes forças, quer ao nível intelectual quer físico. Os seus impulsos criativos e o seu magnetismo dar-lhe-ão seguidores. Não sente a barreira que separa as coisas criadas das invisíveis. As suas faculdades são a capacidade de produzir, a fé e a força, bem como uma sexualidade fulgurante.

Sol em Escorpião e ascendente Gémeos: é sensível, inquieto e muito criativo. Terá muitos inimigos mas isso não lhe dará grandes cuidados. Talvez venha a sofrer de amor e se deixe invadir pelo ciúme e pela amargura. Deve apoiar-se mais no seu instinto criativo.

Sol em Escorpião e ascendente Caranguejo: encontra-se mergulhado no mistério e sabe aliar o sonho e a sensibilidade. As suas qualidades consistem no seu sentido criativo e no refinamento que sabe conferir à paixão.

Sol em Escorpião e ascendente Leão: é inteligente, corajoso e perspicaz mas a sua ambição dá muito nas vistas. Há nele uma grande força que pode ser utilizada para o bem ou para o mal. Deve obedecer à força da luz.

Sol em Escorpião e ascendente Virgem: possui um notável espírito crítico e ninguém o consegue enganar facilmente. Os seus talentos médicos, psíquicos e até mesmo ocultos são o resultado de um espírito militante e de uma grande erudição. A sua intuição e coragem moral são grandes.

Sol em Escorpião e ascendente Balança: poderá embrenhar-se nas lutas sociais mas deve ter cuidado com a traição de amigos. Há nele um grande espírito de justiceiro. Os seus trunfos são a sinceridade, a lealdade e uma admirável e brilhante inteligência. A segunda parte da sua vida será a mais importante.

Sol em Escorpião e ascendente Sagitário: é apaixonado pelo oculto mas terá dificuldades com certas associações ou círculos filosóficos. O seu desejo de ascese e de purificação é muito forte. É um bom pedagogo e há nele o desejo de se ultrapassar por qualquer meio.

Sol em Escorpião e ascendente Capricórnio: é capaz de trabalhar com perseverança numa obra pessoal ou para uma nova ordem de valores. As suas concepções repousam numa grande capacidade de produção e intuição e numa tenacidade imbatível. Terá uma velhice fecunda, talvez tocada pela aura da glória.

Sol em Escorpião e ascendente Aquário: deve precaver-se do escândalo pois, se por um lado é sociável, por outro deixa-se levar pelos seus instintos. É atraente e cai facilmente no sarcasmo. Deve tentar ser menos materialista; o desconhecido e o mistério podem revelar-se áreas de predilecção. É combativo e corajoso.

Sol em Escorpião e ascendente Peixes: dispõe de uma grande intuição e há nele mais espírito religioso e de devoção que de negação. É contra a injustiça e procura o amor ideal. Pensa em realizações pessoais, que a sua espantosa elasticidade pode tornar excepcionais.

Sol em Sagitário e ascendente Carneiro: é muito impulsivo e dinâmico e foi feito para aliciar os outros. As suas energias morais, físicas, intelectuais e psíquicas dar-lhe-ão um destino invejável, como aliás o indiciam outros pontos altos da sua carta astral. A sua qualidade (algo perigosa) é não ter medo dos riscos.

Sol em Sagitário e ascendente Touro: é sensato e deseja transformar as situações complexas em elementos simples; é realista e sabe viver o momento. Junto dele fica-se em paz e o seu humor é apreciado.

Sol em Sagitário e ascendente Gémeos: é bastante nervoso mas não se acomoda nem deixa de se esforçar para manter o êxito. Ser-lhe-ia benéfico o teatro, a pantomima ou um desporto agitado. A sua curiosidade intelectual pode levar a uma certa inquietude e a sua vida sentimental arrisca-se a ser precária.

Sol em Sagitário e ascendente Caranguejo: é dotado para as línguas estrangeiras, para o ensino e para orientar os outros. É muito sensível e tem pena do que deixa para trás. Possui subtileza jurídica e a este nível pode ser um precioso auxílio para outros.

Sol em Sagitário e ascendente Leão: é muito marcado pelos impulsos, sobretudo os amorosos, e é muito simpático para com o outro sexo. Terá sempre um espírito aventureiro e o que está longe atrai-o muito mais do que aquilo que está à mão.

Sol em Sagitário e ascendente Virgem: é muito nervoso e frequentemente sente-se inseguro. A parte final da sua vida será marcada por uma mudança completa (uma conversão, por exemplo) e por várias deslocações e talvez opte mesmo pelo estrangeiro.

Sol em Sagitário e ascendente Balança: tem capacidades intelectuais muito desenvolvidas e possui um excelente espírito de justiça. Convém-lhe uma vida em que os acontecimentos satisfaçam a sua grande curiosidade intelectual. Detesta tudo o que é mesquinho e baixo.

Sol em Sagitário e ascendente Escorpião: está destinado a ir até ao fundo das coisas, o que é uma faculdade rara e preciosa. Possui um carácter algo espartano, é muito disciplinado e tem desejo de se aperfeiçoar. Poderá ter um destino excepcional.

Sol em Sagitário e ascendente Sagitário: deseja fazer algo de extraordinário e magnífico. A sua carta astral mostrar-lhe-á se isso acontecerá no plano físico (no desporto, por exemplo), no intelectual ou no emocional, mas não há dúvidas de que possui as forças necessárias para satisfazer esta ambição invulgar.

Sol em Sagitário e ascendente Capricórnio: atrai-o mais o espiritual e o longínquo que o material e próximo, como é característico desta combinação de signo solar e ascendente. Deve tentar fixar-se num ideal que não seja mesquinho e os outros segui-lo-ão: poucos no início mas muitos depois.

Sol em Sagitário e ascendente Aquário: tem sorte em sociedade, com os amigos e também fora da sua terra natal. Gosta de viajar e das mudanças e há nele alguma temeridade mas também uma grande força moral.

Sol em Sagitário e ascendente Peixes: a sua vida passará por fases distintas e acidentadas, indo do optimismo ao pessimismo e vice-versa. Possui talentos pouco comuns mas, como a sua energia é inconstante, não sabe fazer uso deles com perseverança.

Sol em Capricórnio e ascendente Carneiro: a sua ambição apoia-se em meios consideráveis. Não é diplomata mas dispõe de um notável espírito crítico e de uma rara tenacidade, além do dom de antecipar as coisas.

Sol em Capricórnio e ascendente Touro: é perseverante e muito obstinado, capaz de enfrentar as adversidades. O seu desejo de construir e de ascender socialmente será satisfeito, e a sua sobriedade proporcionar-lhe-á um destino excepcional.

Sol em Capricórnio e ascendente Gémeos: dava um bom funcionário, apesar de introduzir um grão de fantasia em todas as profissões. As pessoas idosas terão muita importância na sua vida. As suas qualidades são o espírito observador e o bom humor.

Sol em Capricórnio e ascendente Caranguejo: está predestinado a ocupar cargos de responsabilidade. As suas qualidades são o sentido do dever, a honestidade, a apreciação rigorosa e a capacidade de trabalho. Tudo isto lhe confere uma personalidade um bocado pessimista mas forte.

Sol em Capricórnio e ascendente Leão: poderá ter a seu cargo importantes responsabilidades graças ao seu espírito autoritário. Consegue suportar a solidão e dedicar-se muito ao trabalho enquanto à sua volta todos se divertem. Todavia, o seu espírito artístico, discreto mas real, poderá impor-se e modificar o seu destino.

Sol em Capricórnio e ascendente Virgem: a sua tristeza resulta do seu espírito observador. Os seus talentos são a sensatez e a eficácia. No plano do trabalho, possui uma paciência que pode decidir da sua profissão. Tem tendência para obras práticas viradas para o futuro.

Sol em Capricórnio e ascendente Balança: terá sucesso numa função oficial. Consigo como advogado, qualquer causa triunfará. As relações com os seus pais são importantes para o seu futuro.

Sol em Capricórnio e ascendente Escorpião: se quiser, pode ser um pensador profundo, pois nele a filosofia é inata. A sua tenacidade permitir-lhe-á atingir os seus objectivos, apesar dos obstáculos e dificuldades que lhe possam surgir. O seu maior trunfo é a força de carácter.

Sol em Capricórnio e ascendente Sagitário: é aventureiro e ao mesmo tempo realista, por vezes optimista e outras pessimista. Com a idade alcançará uma vida agradável. Foi feito para ocupar cargos de grande responsabilidade.

Sol em Capricórnio e ascendente Capricórnio: a sua ambição fá-lo desejar tudo. Possui um firme raciocínio histórico e na sua velhice será uma pessoa importante, por isso não deverá preocupar-se demasiado com os atrasos que se lhe depararão.

Sol em Capricórnio e ascendente Aquário: poderá entrar em conflito com pessoas importantes devido à sua falta de diplomacia e à sua honestidade. As suas qualidades são a capacidade de trabalho, a sobriedade e o talento para analisar as situações metodicamente.

Sol em Capricórnio e ascendente Peixes: a solidão traz-lhe filosofia e sabedoria e por isso consegue suportá-la. Nele convivem uma forte intuição e qualidades de organização, o que lhe trará muitas oportunidades se estiver atento, como certamente acontecerá.

Sol em Aquário e ascendente Carneiro: é uma pessoa dinâmica e dedicada e pode ter êxito em grupos ou colectividades. Possui uma boa dose de entusiasmo e as suas qualidades são a força de convicção, a procura de ideais e o dom de antecipar as coisas.

Sol em Aquário e ascendente Touro: poderá entrar em conflito com grupos e interesses alheios e por isso deve precaver-se de processos judiciais. Possui as capacidades necessárias para exercer uma profissão criativa. Há nele a vontade de divulgar o seu saber e convicções.

Sol em Aquário e ascendente Gémeos: é uma pessoa sociável e alegre, muito calorosa e optimista. Será bem sucedido na vida devido à sua vontade de fazer parte de associações e grupos. Tem espírito de amizade e uma inteligência progressista virada para o futuro.

Sol em Aquário e ascendente Caranguejo: apesar de ser nervoso e de se cansar com facilidade, é uma pessoa muito consciensiosa. Os outros vêem-no como um enigma. As questões familiares serão complicadas na sua vida. Tem vontade de descobrir e de se dedicar a um objectivo. As suas qualidades são a sensibilidade e as capacidades criativas.

Sol em Aquário e ascendente Leão: é uma pessoa brilhante e impulsiva, só lhe faltando um pouco mais de comedimento.

Dificilmente se consegue destacar, apesar dos seus dons de orador, de conferencista ou de comediante. Tem um espírito subtil e brilhante e gosta de se dedicar aos amigos ou a uma causa idealista.

Sol em Aquário e ascendente Virgem: é refinado, muito humilde e preocupado com os problemas humanos. Os seus trunfos são a inteligência brilhante e o dom de entender logo as situações, bem como a facilidade de se expressar.

Sol em Aquário e ascendente Balança: possui talentos criativos para tudo o que é moderno. Trará sempre um elemento de surpresa e de originalidade às suas relações amorosas.

Sol em Aquário e ascendente Escorpião: consegue exprimir-se brilhantemente mas deve recear os conflitos com os outros. Algumas pessoas acham-no absolutamente fascinante mas outras não lhe perdoam os seus talentos.

Sol em Aquário e ascendente Sagitário: conseguirá fazer muitos amigos no decurso das suas viagens. Poderá ter sucesso na imprensa, em associações e em tudo o que revele objectivos actuais e uma reflexão sobre o futuro.

Sol em Aquário e ascendente Capricórnio: preocupa-se muito com a política, o sindicalismo e o humanitarismo. O seu êxito depende da sua capacidade de trabalho e do seu espírito de síntese original e claro.

Sol em Aquário e ascendente Aquário: é uma pessoa muito original, cheia de entusiasmo e altruísmo. Tem espírito criativo e está destinado a uma vida brilhante (embora um pouco penosa devido às diferentes fases por que passará). Terá muitos amigos e seguidores.

Sol em Aquário e ascendente Peixes: o que o prejudica é sobretudo a sua hesitação e além disso é muito influenciável. É uma pessoa dedicada, altruísta e tem necessidade de ideais que possa comunicar aos outros.

Sol em Peixes e ascendente Carneiro: o seu destino será um bocado sinuoso e cheio de desvios, apesar de a sorte estar sempre ao seu lado. Mas deve afirmar mais a sua vontade, sobretudo se for homem. Deve evitar o álcool e as drogas.

Sol em Peixes e ascendente Touro: é uma pessoa um bocado preguiçosa, sempre à espera que a inspiração acorde para assim se poder lançar às coisas com sucesso.

Sol em Peixes e ascendente Gémeos: é nervoso, dado à angústia, mas é uma pessoa inteligente e dotada de espírito crítico. Tem muita facilidade em ambientar-se em situações novas, que inspiram a sua sensibilidade.

Sol em Peixes e ascendente Caranguejo: é muito emotivo e dotado de espírito poético. A sua inteligência e sensibilidade dão-lhe acesso ao êxito. Acrescente-se ainda uma grande atenção pelos outros.

Sol em Peixes e ascendente Leão: possui dons artísticos e um magnetismo que o valorizam muito. Destaca-se pelas suas criações originais.

Sol em Peixes e ascendente Virgem: dava um bom médico devido aos seus talentos. O seu desejo de exactidão e de minúcia e o seu espírito crítico podem fazer maravilhas no âmbito do trabalho.

Sol em Peixes e ascendente Balança: é muito charmoso e debaixo da sua aparente preguiça há um espírito artístico e uma inspiração que o dotam para o contacto com públicos ou clientelas. Terá numerosos casos amorosos. No campo da saúde, deve recorrer aos métodos naturais.

Sol em Peixes e ascendente Escorpião: a sua inspiração baseia-se num grande espírito combativo. As suas qualidades são a eficácia, a inteligência mordaz, a tenacidade e o magnetismo.

Sol em Peixes e ascendente Sagitário: dispersa-se um pouco por todos os ramos mas é simpático para com os outros. Gosta de pôr os seus talentos ao serviço de uma colectividade e não fica assustado com empreendimentos que exigem muito dele.

Sol em Peixes e ascendente Capricórnio: possui um raciocínio aberto e não receia lançar-se a obras de envergadura. Mas a solidão prejudica-o muito, e por isso deve ser mais sociável. E um pouco mais de confiança em si próprio só o ajudaria.

Sol em Peixes e ascendente Aquário: atrai-o tudo o que é social, humanitário, político ou religioso. Possui um forte espírito crítico e é capaz de uma grande dedicação aos outros. O seu defeito é ser um bocado indeciso.

Sol em Peixes e ascendente Peixes: é uma pessoa muito calorosa, sensível e dedicada, mas é facilmente influenciado por aqueles que o rodeiam. Poderá debruçar-se sobre várias áreas devido aos seus notáveis talentos, nomeadamente a sua grande inspiração e um forte espírito poético.

Terceira Parte

DIÁLOGO ENTRE A ASTROLOGIA E A VIDA

«O espaço é um abismo que contém tudo o que vive, nasce, morre, existe, sofre, reina, passa ou permanece, no cume, no centro, em cima ou em baixo. Mas eu estou em Deus. Debaixo de mim, a vida sombria elabora os seus registos.
Sou o vidente das profundezas sinistras, e nada me escapa pois nada está fora do meu olhar, nem mesmo o que está nos paraísos azuis ou no feroz inferno. Eu deixaria de ser Deus se qualquer ser se tornasse invisível para mim, mas isto é impossível. Como eu sou a vastidão, vejo tudo; vejo a noite e a luz; vejo o último lugar e o último número. E a minha pupila alcança a própria extremidade das sombras…».

Victor Hugo, *A Lenda dos Séculos*

Diálogo entre a astrologia e a vida

> «Todas as formas possíveis do Mundo humano:
> Árvore, Metal, Terra e Pedra;
> Todas as formas possíveis do Mundo humano
> vivem, crescem e desenvolvem-se
> E depois, esgotadas, regressam à existência planetária
> dos Anos, dos Meses, dos Dias e das Horas,
> E despertam então no seio de Deus
> para a vida da Imortalidade...»
>
> William Blake

A personalidade

Algumas pessoas acreditam que o destino pode ser idêntico para todos os nativos de um mesmo signo do Zodíaco porque assim o lêem em horóscopos de imprensa, geralmente feitos por um computador (que só fornecem os dados que lá introduzimos). Convém esclarecer esta questão.

Primeiramente, cada grau de um mesmo signo (há trinta em cada signo) tem um «significado-chave» diferente. No ascendente de Adolf Hitler, por exemplo, figura o seguinte grau: «Um bloco quadrado de mármore onde estão inscritos um ceptro e uma coroa. Grau de dominação.» Os 360 graus do Zodíaco são importantes para cada um dos dez planetas do mapa astral, o que logo à partida dá 360 possibilidades. Os doze ângulos das casas fazem multiplicar este número e assim temos 40 000 possibilidades, afectadas por um quociente que integra milhares de milhares, se incluirmos as diferentes posições nos signos, nas casas, nos ângulos, etc. Na verdade, a prática da astrologia demonstra que todas as objecções que lhe são colocadas apenas provam a ignorância actual e o materialismo moderno.

Como procede o astrólogo depois de ter redigido a carta astral? Antes de mais, refira-se que uma carta astral representa a fotografia exacta de um momento do céu, com uma precisão que vai até aos segundos, e que se modificará sempre até à inevitável morte do nativo. Esta carta é o conjunto dos factores que condensaram todos os acontecimentos da vida do nativo. O astrólogo poderá interpretar a personalidade do nativo, que também influencia o seu destino de maneira inevitável, pelo menos se a vontade e o livre-arbítrio não intervierem.

É claro que se não pudéssemos mudar o nosso destino, seria melhor ignorá-lo. Mas Deus não quis que existisse tão terrível determinismo, e esta verdade é fácil de verificar quando sofremos até ao desespero porque não conseguimos pôr de lado ou modificar certas coisas. A capacidade de mudança só é possível através do conhecimento da nossa carta astral. No entanto, esta mudança só é possível se nos desligarmos da matéria.

Na astrologia, a personalidade está centrada no Sol, símbolo da vontade. Esta vontade é inconstante e flexível nos signos ditos mutáveis ou duplos: Gémeos, Sagitário, Peixes e Virgem; é irredutível nos signos fixos: Escorpião, Aquário, Leão e Touro; e é activa, calorosa e sociável nos signos cardinais: Carneiro, Balança, Capricórnio e Caranguejo.

Os aspectos (isto é, os desvios aos 360° do círculo zodiacal) revelam as relações de natureza entre os signos. Assim, a água apaga o fogo: sob certas condições, um planeta em signo de água entra em conflito com um planeta em signo de fogo; as energias contrárias provocam o conflito, expresso pelo quadrado (uma distância de 90° entre os astros em causa, com 7°-9° de tolerância).

O ar passa pela terra sem a fecundar, ou sobre a água provocando as tempestades; por outro lado, atiça o fogo e cria assim uma corrente de energias favoráveis.

Para o astrólogo Manilius, a oposição representava o antagonismo dos astros opostos, como se fossem adversários em combate ou pesos que puxam em sentido contrário as duas extremidades do braço de uma balança. Enquanto um signo sobe, o outro baixa. Afirmava ainda que não podia haver concordância entre um Caranguejo ardente e um Capricórnio glacial.

A oposição engloba uma distância de 180° entre os astros opostos e representa uma espécie de divórcio sem conciliação possível. Este aspecto é deveras importante, mas qualquer oposição deve ser interpretada conforme a dignidade ou debilidade dos astros. Assim, uma oposição entre Marte em Carneiro e Vénus em Balança é menos grave (aliás, pode até ser factor de força) do que entre Marte em Caranguejo – no qual está em queda – e Vénus em Capricórnio (no qual o planeta não está em dignidade).

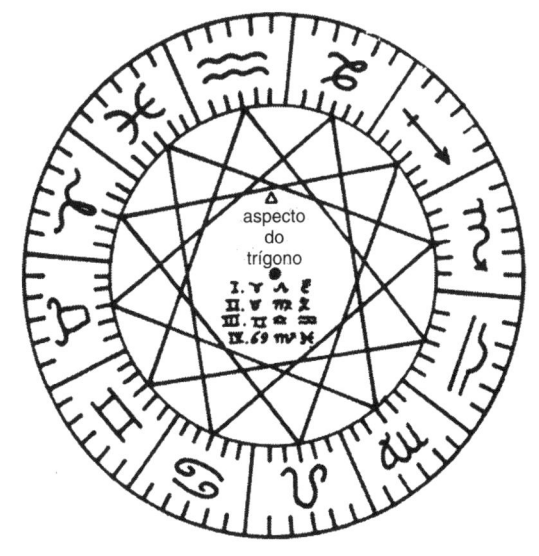

Fig. 10 - Aspecto do trígono que mostra a harmonia recíproca dos astros porque as suas forças cooperam, beneficiando o titular do mapa astral.

O trígono recorda a tríade antiga e é um aspecto favorável, implicando uma distância de 120° entre os astros em causa. Trata-se de astros situados em signos do mesmo elemento e que se reforçam mutuamente. Assim, o Sol em Escorpião (signo de água) é trígono em relação a Júpiter em Peixes, outro signo de água. Este aspecto deve ainda ser julgado consoante os signos implicados. Deste modo, Marte em Carneiro é trígono em relação ao Sol em Leão (signos em que os astros estão em dignidade) e tem mais força e mais valor do que Marte em Balança (no qual o astro está em exílio) em trígono a Sol em Aquário, também em posição de exílio.

Estas *nuances* são extremamente importantes na interpretação dos mapas astrais.

Tal como a tríade (em que existe muitas vezes uma permuta de sexo), a trindade Pai-Mãe-Filho é o símbolo da vida que se perpetua de pais para filhos pela descendência. O três é o número mais pequeno que engloba o 1 e o 2, o par e o ímpar, o *yin* e o *yang*. Aliás, o triângulo gerado pelo trígono possui um significado místico na astrologia.

O sextil traduz uma diferença de 60° entre os astros (com alguns graus de tolerância) e é um aspecto conciliador e harmónico, dando origem a influências que se reforçam mutuamente. É considerado um apoio e uma protecção, se bem que em menor grau que o trígono.

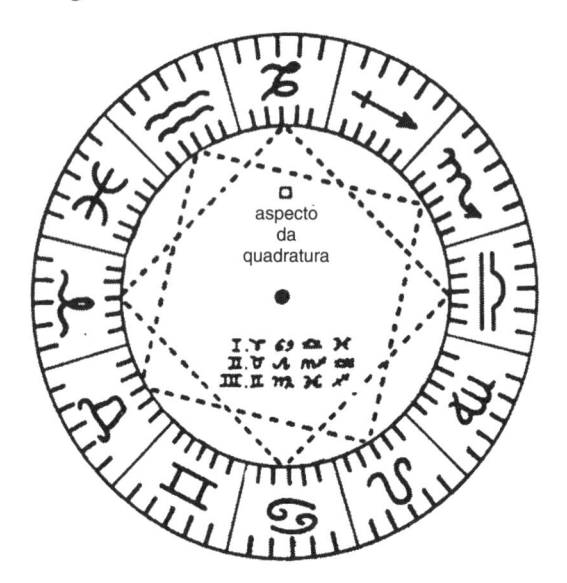

Fig. 11 - A quadratura ou o quadrado revela sempre um aspecto violento e nefasto pois implica um conflito, dado que as energias dos astros lutam entre si em vez de se reforçarem.

Como é que o astrólogo actua na prática? Conhece o significado das casas: por exemplo, que a casa I representa a vida e a energia material, moral e psíquica. No caso de um ascendente em Capricórnio cujo mestre seja Saturno, e se este astro estiver em quadratura (aspecto de 90°, de conflito), em relação ao Sol (que geralmente denota vida), o nativo arrisca-se a ter doenças da natureza de Saturno (os ossos). Saturno representa uma restrição e se, por exemplo, estiver em Caranguejo (signo em que Saturno está em exílio/debilidade), a quadratura Saturno--Sol pode revelar uma certa gravidade: o nativo sofrerá do estômago, parte do corpo sob o regime de Caranguejo, mas também da coluna vertebral, elemento governado pelo Sol e por Saturno (os ossos). Por outro lado, extinguirá ou diminuirá a alegria de viver (representada pelo Sol) sob o efeito restritivo de Saturno, tal como o Sol se apaga e não consegue furar o céu baixo e carregado de nuvens. Mas a vontade é também restringida, pois o Sol significa sempre a vontade em qualquer ponto de um mapa astral. Ora, as forças saturnianas são predominantemente restritivas quando apresentam um aspecto desfavorável, e assim a vontade esbarra num obstáculo.

O Sol é igualmente símbolo do coração e o nativo pode assim ter fracassos, quer na realização do seu ideal ou em relação a uma ligação amorosa. Nos seus efeitos, o medo do fracasso é semelhante a um travão psicológico e chega mesmo a identificar-se com o próprio fracasso que lhe dá origem.

Um mesmo aspecto pode fornecer variados significados, como vimos. Daí se afirmar que na astrologia «a personalidade é o destino». Por conseguinte, uma quadratura Sol-Úrano (o divórcio entre coração e trovão) pode conduzir a uma súbita ruptura amorosa. Mas pode também significar o risco de der-rame arterial, que são coisas diferentes; ou ainda representar um acidente de automóvel ou de avião. Ou, se outros aspectos e posições planetárias protegem a vida física e afectiva do nativo, denotará apenas uma impulsividade muito forte. Os impulsivos são, aliás, mais propensos para as rupturas amorosas e acidentes de viação, dado que não conseguem refrear esta impulsividade natural.

Na astrologia, a personalidade depende, pois, de numerosos factores. É necessário estudar a vontade através da observação da posição do Sol, dos seus ângulos e dos seus aspectos (favoráveis e desfavoráveis), do seu trígono e sextil, das suas eventuais quadraturas e oposições em relação aos outros astros. Deste modo, um aspecto favorável de Úrano denota a possibilidade de exercer a vontade no espaço, por exemplo, pela condução ou pelo contacto com a multidão; um bom aspecto de Plutão prevê que a vontade se exerça num domínio invisível aos outros, como a relação entre a vontade e a sexualidade.

Mercúrio e a casa III dão indicações sobre a inteligência; por sua vez, a casa IX rege o julgamento e as faculdades do espírito, nomeadamente a relação entre a Tradição e o Cosmos. Estabelece-se assim toda uma espécie de *nuances* e de relações.

O aspecto físico é determinado pelo ascendente e pelo seu mestre, e a este nível há várias influências. O jupiteriano é forte, muitas vezes com excesso de peso. O saturniano é magro e o seu rosto ossudo deixa adivinhar uma intensa expressão de inteligência e um ânimo inquieto. Um ascendente Touro lembra o animal do signo, com o seu pescoço e ombros possantes; o ascendente Carneiro possui mesmo o perfil de um «carneiro». O ascendente Escorpião é facilmente reconhecível pelo olhar serpentino e pela expressão magnética de todo o rosto. Também não é possível confundir um físico feminino marcado por Vénus com outro assinado por Mercúrio, pois o primeiro é de uma beleza notória e o segundo é mais intelectual, com o seu rosto triangular e uma expressão animada e ágil.

O auto-retrato de Decaris, o maior artista francês de gravura e ilustração (mais de duzentas obras), remete naturalmente para o seu mapa astral, no qual Júpiter (mestre do ascendente Sagitário) está em Capricórnio e em conjunção com Saturno. O seu aspecto físico é muito saturniano e o seu rosto é dominado pela retracção, inteligência, pensamento e observação, que são características próprias desse astro.

É espantoso verificar como a obra corresponde também ao mapa astral. Assim, em Decaris (Sol em Touro e ascendente Sagitário) encontramos a dualidade deste signo do centauro, meio-homem e meio-animal; o Touro evoca o signo solar. Deste modo, o astrólogo verifica que há correspondências múltiplas (até ao infinito do labirinto psicológico) e nas quais facilmente veríamos muitas «coincidências». Assinale-se que são raros os psicólogos que se debruçaram sobre estas relações entre microcosmos e macrocosmos. E, no entanto, deve-se estudar este fenómeno, pois o verdadeiro espelho do criador é a sua obra, quase sempre elaborada sob a poeira de instintos que o próprio artista ignora! Estes aspectos não passaram despercebidos a gigantes como Shakespeare, Goethe ou Balzac, todos eles apaixonados pela astrologia. Como não ver nesta ciência o ponto de partida para uma reflexão fecunda?

O amor

Para a astrologia, o amor é uma pulsão necessária ao equilíbrio das pessoas. A própria família e a sociedade reflectem também a ordem cósmica que, a ser perturbada, dilacerará o indivíduo e a família por meio de forças contraditórias. A cidade dos homens deve ser o reflexo da cidade de Deus. A não ser assim, voltaremos a cair no mito da Torre de Babel, na ignorância que traz à Terra a ruína e o caos.

Porém, o astrólogo introduz dois dados diferentes no amor. O homem é simbolizado pelo Sol e portanto corresponde àquele que ilumina, aquece e alimenta: o pai ou o marido. É por isso normal que haja uma fixação no pai, desde que depois dê lugar ao amor conjugal e não o contrarie. O mesmo acontece com a Lua, que simboliza o lar: a mãe e a mulher.

Marte e Vénus representam os amantes. Infelizmente, hoje em dia são poucos os casais em que existe um amor ideal que leva à criação do lar. Neste fim de ciclo, o desequilíbrio reina em todos os domínios e as agressões à família, à cidade e à natureza estão a provocar a desintegração do casal humano. Não espanta pois que esta ignorância e desconhecimento da ordem universal tenham conduzido aos caos e à pilhagem.

Pela consulta — «leitura» — de diferentes factores, o astrólogo pode proceder à interpretação do amor numa carta astral (feminina ou masculina). Marte indica o impulso e a força viril que leva a masculinidade a unir-se à feminilidade, a qual pertence inteiramente a Vénus, símbolo da doçura e da atracção.

É por essa razão que os oradores possuem uma Vénus bem situada na sua carta astral, já que a sua sedução recai directamente na «violação da multidão», como dizia um pensador.

Também há gradações no amor, tal como na inteligência, desde a sensatez até ao génio. A paixão é rara e era tida pelos chineses como um fenómeno doloroso, dado exigir forças abundantes. Mas sem paixão nunca venceríamos o egoísmo, o sentimento mais usual hoje em dia, e o astrólogo sabe bem que é necessário ter bastantes forças para levantar esse peso! Se for recíproca, a paixão perturba e consegue mesmo transformar os amantes em deuses, e assim vê-los-íamos atravessar a vida com um ramo de rosas na mão perfumando suavemente o caminho radioso e doloroso próprio de quem ama. Contudo, as rosas acabariam por murchar e restaria apenas este par que por um curto momento perdeu o egoísmo que algema e adultera as relações humanas. A paixão transforma sempre as pessoas e por isso nenhuma obra nasce nem cresce sem paixão.

No mapa astral, é a conjunção Marte-Vénus (que congrega no mesmo grau os planetas do Zodíaco que simbolizam o par de amantes) que indica a paixão; ou através dos aspectos — favoráveis ou não — entre Vénus, Marte e Plutão (o astro invisível). Estas trajectórias são outros tantos nervos abrasados por uma energia capaz de decuplicar as forças daqueles que ela habita.

Também é importante a posição de Vénus num signo ou numa casa. Se Vénus for angular, terá certamente mais força do que fora dos ângulos (nas casas X, I, VII e IV), e nesse caso o amor terá um papel preponderante na vida do nativo e não deixará os outros indiferentes. Se Vénus estiver situada em signo de água (Caranguejo, Escorpião ou Peixes), originará muitos remorsos, o que indicia uma vida afectiva secreta, já que apenas distinguimos a superfície das águas e não as suas profundezas.

Em signo de ar (Aquário, Gémeos ou Balança), Vénus domina as pulsões passionais e favorece mais os sentimentos e a vida social do que as emoções ou a sexualidade. Em signo de terra (Capricórnio, Touro e Virgem), Vénus representa a ambição e a dedicação a objectivos concretos, e neste caso remete para a arte, a política e a sublimação da emoção venusiana.

Também indica um amor que raramente é dirigido a uma única pessoa. Em signo de fogo (Leão, Sagitário e Carneiro), simboliza a Primavera afectiva e o fulgor do ser.

A vida profissional

Na astrologia, a casa VI representa o trabalho. Se a Lua estiver nesta casa, proporcionará um relacionamento frequente com o público e a capacidade de guiar os outros. Se for Vénus, o nativo terá contactos emocionais e afectivos com muita gente, como no caso de artistas ou simplesmente de cabeleireiros ou perfumistas. Por isso deve-se estudar com atenção as dignidades de Vénus e as suas relações com os outros astros. Já Marte na casa VI prefigura uma profissão militar ou industrial.

Já abordámos anteriormente o raciocínio astrológico que consiste em fazer sempre uma síntese a partir de uma análise e assim reconstituir a personalidade e a vida do nativo. Em dez casos, o astrólogo consegue em nove fornecer ao seu cliente — sem que este precise de lha indicar — a profissão que exerce ou, pelo menos, os talentos que possui para uma dada ocupação (caso o mapa astral se revele muito complexo).

Aqui as coisas complicam-se, pois é frequente o astrólogo referir profissões que o seu cliente não conseguiu exercer por qualquer razão. Assim, poderá dar-se o caso de dizer à cliente que é enfermeira e esta responder-lhe: «Não, sou contabilista, mas sempre sonhei ser enfermeira. Era a profissão que eu queria mas as circunstâncias não mo permitiram.» Ao estudar a carta astral com mais vagar, o astrólogo verificará a existência de barreiras, psicológicas ou de outra natureza, que impediram a profissão sonhada (noutros casos, poderá ser um amor ou um relacionamento não realizado).

Esta mesma casa VI indica a profissão e a saúde. Este facto não surpreenderá muito o leitor, ao contrário de muitos idiotas carregados de diplomas, pois já é conhecedor da profunda sabedoria da ciência astrológica. Aliás, a medicina «psicossomática» (uma criação de génio) inspirou-se inconscientemente nesta sabedoria, ratificando assim a antiga arte dos astrólogos. Deste modo, Saturno na casa VI tenderá a bloquear e a restringir uma função biológica: Saturno na casa VI e em Virgem retarda a função intestinal, mas somente em caso de aspectos desfavoráveis é que haverá riscos de obstrução intestinal. Saturno na casa VI e em Gémeos afecta os pulmões e, se Marte estiver em conjunção, há riscos de operação. Se o astro estiver em dignidade (por exemplo, Saturno na casa VI e em Capricórnio), não haverá males. Este planeta também destaca a importância do trabalho na saúde e vice-versa. Na verdade, o conhecimento do mapa astral poderá implicar dietas e cuidados particulares com a nossa saúde. Se bem que ainda sejam uma elite, muitos médicos servem-se hoje da astrologia para diagnosticarem e aconselharem tratamentos mais valorizados e mais próximos da natureza. Faz-nos lembrar a famosa frase de Ambroise Paré: «Eu fiz o curativo mas Deus é que sarou.»

Nenhuma outra área da astrologia presta tanto serviço como esta. Os pais podem consultar um astrólogo (ou um bom manual, já que, infelizmente, abunda o charlatanismo neste ramo) para desvendar eventuais dons dos filhos, a sua orientação profissional e os obstáculos a evitar. Deste modo ganharão um tempo precioso. Também é verdade que não se pode educar da mesma maneira um filho «Escorpião» e outro «Caranguejo»: este precisa de se opor ao outro e deve ser virilizado sem rudezas através do contacto com a mãe ou com outro modelo feminino, como uma professora; já o «Escorpião» precisa de jogos mais duros e de contactar com áreas fabulosas como a arqueologia, as línguas mortas ou a pré-história ainda em idade precoce.

O leitor curioso poderá redigir e interpretar a sua própria carta astral, e aos poucos ver-se-á perante uma tarefa apaixonante e repleta de informações. Ficará surpreendido com as suas próprias possibilidades, que muitas vezes menosprezou. Será necessário repetir estas coisas? Para o astrólogo, a noção de idade não conta, pois nunca é tarde para se descobrir e penetrar em terras desconhecidas.

«Qualquer vida», diz Balzac em César Birotteau, *«tem o seu apogeu, a época durante a qual as causas agem e correspondem exactamente aos efeitos. Neste meio-dia da existência, as forças vivas estão em equilíbrio e exibem-se em*

todo o seu esplendor. E isto não é apenas comum aos seres organizados, mas também às sociedades, às nações, às ideias, às instituições, aos comércios e aos empreendimentos que, semelhantes às raças e às dinastias, nascem, crescem e morrem. Donde provém o rigor que leva estas leis do crescimento e da decadência a aplicar-se a tudo o que se organiza cá na Terra? Até a própria morte, durante as calamidades, tem um progresso, um afrouxamento, um recrudescimento e o sono. O nosso próprio globo é talvez um pavio apenas um pouco mais comprido que os outros. Devemos reafirmar as causas da grandeza e da decadência de tudo o que houve na Terra, de modo a que a História sirva de aviso ao homem de que chegou o momento de parar com o jogo da nossa superioridade. Mas a sua voz salutar não é escutada por ninguém, nem por conquistadores, actores, mulheres ou escritores.»

Balzac também chegou a escrever que «no passado a astrologia dominou as maiores inteligências». Na citação acima transcrita, desenvolve a ideia da lei do crescimento e da decadência, que na astrologia é indicada pelo trajecto do Sol desde o nascente ao poente. Mesmo que a nossa época o esqueça, o material e o espiritual estão também associados na astrologia.

O destino

O destino depende da casa X, o lugar de culminação ou zénite de qualquer astro. Também é o lugar mais elevado e o ponto de contacto com o universal. O destino depende de Deus e, se a filosofia estivesse reduzida às forças humanas, seria uma mera verificação de uma impotência.

Para a astrologia, a vida é a procura de uma união com o universal nesse ponto ideal simbolizado pelo cume da montanha (o Capricórnio, décimo signo na eclíptica, é a montanha do zénite). Tal como as várias encostas de uma montanha, as várias religiões permitem alcançar o cume por caminhos diferentes e só no fim deste esforço é que irradia a sabedoria. Como o afirmámos já, é por esta razão que todas as tradições simbolizam a sabedoria por este cume: aí recebe Moisés as tábuas da lei; aí diz Cristo o seu sermão; a deusa da Lua cria o Japão ao tocar o único cume emerso do Fuji-Yama; Buda está no cume da montanha contemplando o fluxo das futuras gerações e exclama: «*Tocarei o tambor do Imortal quando as trevas chegarem ao mundo.*»

Saturno é o astro que incarna a fatalidade e o astrólogo consulta-o para julgar o destino. Representa o tempo, esse impiedoso mestre que nos beneficia ou prejudica conforme os nossos desejos e vontade de ligação com este universal.

O problema é sempre de unidade, voltar a ser «uno», e de educação. A nossa época ainda não compreendeu a necessidade de se caminhar em direcção a uma criação pessoal com fé, de modo a fundirmo-nos com o infinito. Neste aspecto, só a astrologia nos pode ajudar verdadeiramente, pois permite que cada um se conheça a si mesmo.

A sexualidade

Compare-se Baudelaire, um Carneiro animado pela Vénus da Primavera e dos começos, que escreve:

Mas o paraíso verde dos amores infantis,
Os passeios, as canções, os beijos, os ramos de flores,
As guitarras que vibram por detrás das colinas,
Com as canecas de vinho à noite, nos bosques
– Mas o paraíso verde dos amores infantis,

O inocente paraíso repleto de prazeres furtivos
Já estará mais longe que a Índia ou a China?

com Verlaine, com Vénus dignificada em Touro[1], quando o astro tende à alegre e pagã libertinagem da carne:

---

[1] Também indica a importância da música e a procura da harmonia no amor. Em conjunção com Marte, Vénus assinala ainda o encontro de Verlaine com Rimbaud.

Morena ainda não possuída
Quero-te quase nua

....

Quase nua e não nua.
Através de uma nuvem
De rendas que revelam
A tua carne que seduz
A minha boca delirante.

....

Ah, o teu corpo moreno e rosado
Como o luar! Ah, põe
O teu cotovelo no meu coração,
E todo o teu corpo vitorioso,
Todo o teu corpo que eu idolatro!

(Parallèlement)

Victor Hugo tinha Vénus em exaltação em Peixes, o que lhe conferia um misto de altruísmo, de piedade, de espírito estético e uma vontade de chegar ao êxtase; a conjunção com Plutão[2] introduz um forte ímpeto genesíaco. Não podemos deixar de nos sensibilizar com o seguinte diálogo entre Jesus e a sibila, no qual se mistura o sonho, o pressentimento e uma estranha e poética doçura:

O Nazareno
No entanto, ó Profetisa, é preciso salvar os homens.

A Sibila
Para quê?

O Nazareno
Para sairmos das sombras em que vivemos.

---

[2] Será o segredo do adultério da sua mulher com Sainte-Beuve e da sua própria ligação com Juliette Drouet.

>   A Sibila
> *Não queiras sair delas.*
>
>   O Nazareno
> *É preciso sair para a luz. Depois da iniquidade virá a luz da justiça. É a lei.*
>
>   A Sibila
> *A justiça é um sonho na Terra.*
>
>   O Nazareno
> *Os homens cheios de ódio têm a espada na mão. Mas se os amarmos, ó mulher, podemos apaziguá-los. O que achas do amor? Fala.*
>
>   A Sibila
> *Deves recear o beijo.*
>
> (O Fim de Satanás)

O signo dos Peixes é o da traição e o beijo aqui referido é a traição de Judas.

Qualquer questão em astrologia deve partir sempre da distinção das relações entre os três diferentes factores que são o signo, o planeta e a casa, que correspondem ao ternário sobre o qual se baseou o mundo da carne: a geração efectua-se incansavelmente pelo 1 e 2, o pai e a mãe, e os filhos empurram os progenitores ineluctavelmente para a sombra e para a morte. O prisma amoroso é completamente modificado pela posição nos signos e nas casas, pelos aspectos e graus do Zodíaco, etc. Para o astrólogo não há duas concepções iguais de amor. O mesmo acontece para a sexualidade, função da casa VIII, do Escorpião e de Plutão. De modo sumário, podemos afirmar que a força está intimamente ligada à sexualidade, de cuja sublimação resultam obras políticas, sociais, literárias ou plásticas.

Diálogo entre a astrologia e a vida

Por pouco que nos aventuremos pela astrologia, sabemos o que ela nos pode oferecer logo que penetramos no seu labirinto. E não falamos de labirinto por acaso pois, se houve astrólogos honestos e competentes que se pautaram sempre pela probidade e pela fé, muitos há hoje que apenas desencaminham aqueles que deveriam guiar, revelando-se incapazes de os conduzir ao centro único.

Devemos no entanto abstermo-nos de pensar que os nativos de um mesmo signo possam ser marcados unicamente por esse signo. Por exemplo, um nativo de Gémeos não se assemelha em nada a outro Gémeos, pois os planetas situados no mesmo signo do Zodíaco obedecem a regras diferentes e só o princípio da analogia permite determinar a verdadeira personalidade e destino de alguém. Mas assim como noutras profissões há bons profissionais, também há bons astrólogos, aqueles que são visitados pelo espírito e que encontram em si próprios o instinto para a sua arte. Todavia, como em todas as profissões, há mais medíocres que competentes.

Escolhemos quatro nativos do mesmo signo de Gémeos a fim de ilustrarmos o que é uma carta astrológica. Não há praticamente nada de comum entre eles, mas o aprendiz ou estudante de astrologia poderá saber por si próprio que revelações subtis lhe reserva o Sol no signo mercuriano dos Gémeos.

*

> «Eis o princípio da minha fé,
> eis a faísca que cresce para ser chama
> mais viva e que brilha em mim
> como uma estrela no céu.»
>
> Dante

«Perdi-me do verdadeiro caminho e extraviei-me numa floresta obscura, a meio do percurso da minha vida.» Nativo de Gémeos, Dante traçou a sua própria carta astral e chegou mesmo a servir-se de alguns dos seus «confrades» charlatães para povoar o seu inferno! Eis como Balzac o descreveu:

«*Era verdadeiramente impossível a qualquer pessoa, mesmo que fosse um homem de firme convicção, não reconhecer que a natureza tinha concedido extraordinários poderes a este ser de aparência sobrenatural. Mesmo que os seus olhos estivessem bem enterrados debaixo dos enormes arcos desenhados pelas sobrancelhas, seriam sempre semelhantes aos de um milhafre, com os globos oculares parecendo ressaltar porque embutidos em pálpebras largas e rodeadas por um círculo negro nitidamente marcado acima da maçã do rosto. Este olho mágico tinha algo de despótico e era tão penetrante que nos agarrava a alma com o seu olhar pesado e cheio de pensamentos, um olhar brilhante e lúcido como o das serpentes ou das aves, mas que nos paralisava e esmagava devido à repentina percepção de uma enorme infelicidade ou de qualquer força sobre-humana. Tudo se harmonizava com estes olhos de chumbo e de ferro, fixos e agitados, severos e calmos... Ele parecia mover-se numa esfera própria, planando acima da humanidade*».

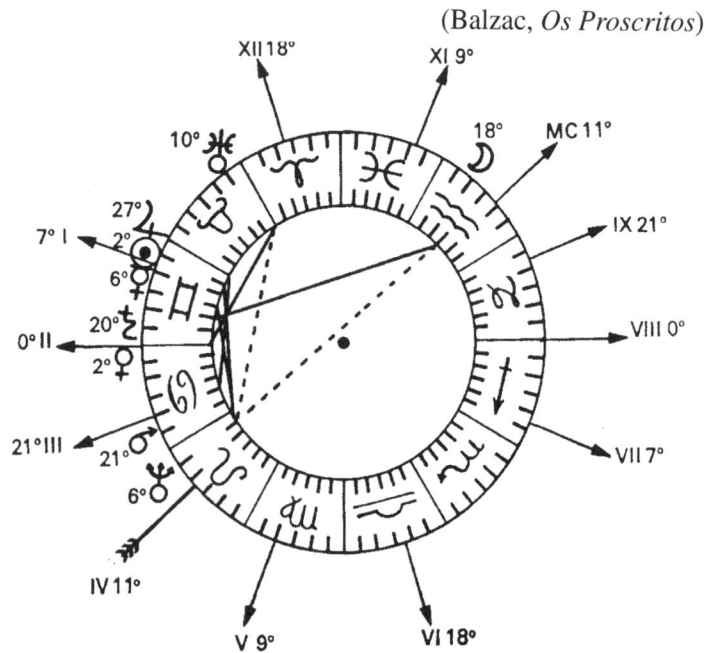

(Balzac, *Os Proscritos*)

Fig. 12 - Dante - Exemplo de um mapa astral de um nativo Gémeos.

Dante nasceu em Maio de 1265 ao nascer-do-sol e por isso no seu céu reúnem-se três planetas: o Sol (que ilumina a casa I da vida e que o conduzirá à divindade toda-poderosa), Mercúrio e Saturno (que o levarão ao conhecimento). Marte (a acção) e Neptuno (a fé) estão na casa III (relativa às pessoas chegadas e à inteligência), correspondente ao terceiro signo dos Gémeos.

Marte está em debilidade em Caranguejo (o lar e a pátria) e assim o signo duplo de Gémeos propicia lutas fratricidas: Guelfes e Gibelins dilaceram a Itália, que durante muito tempo será constituída por um mosaico de cidades e Estados. Durante vinte anos, Dante irá «constituir o seu próprio partido» e errará através de toda a Itália, atormentado por este Marte/Caranguejo que lhe traz a inimizade dos seus compatriotas. Também passará por Inglaterra e pela Bélgica e morrerá em Ravenne, a 14 de Setembro de 1321. Dez anos após a sua morte, os florentinos reclamariam o seu corpo, que Ravenne guardava ciosamente.

A obra chama-se *A Comédia* e os seus admiradores acrescentaram-lhe o epíteto de *Divina*. Na sexta-feira de 8 de Abril de 1300, depois do pôr-do-sol e guiado por Virgílio, um enviado de Deus (na realidade, as forças humanas do livre--arbítrio), um homem mete pés ao caminho para a maior viagem jamais empreendida em toda a Idade Média e em todo o mundo santificado por um Galileu.

A Lua, mestre da casa III, culmina no zénite em Aquário (signo do Cosmos) em trígono a Saturno: é a viagem em direcção ao conhecimento. Úrano, mestre da Lua, está na casa XII (os mundos secretos) e configura-se como a admirável imagem do périplo.

A Lua está oposta a Neptuno e simboliza não só o abandono da pátria —abandonamos quem nos alimentou: o lar, a pátria —, que é o longo exílio de Dante, mas também a viagem que dará origem à mais célebre obra literária da Idade Média. Os sete círculos da viagem correspondem na astrologia aos sete planetas tradicionais:

«As sete esferas surgiram-me então em toda a sua grandeza e velocidade e à distância que as separa; do alto dos eternos Gémeos observei finalmente aquele pequeno ponto que nos

torna tão orgulhosos, distingui as montanhas e os mares e de seguida virei os olhos para os olhos brilhantes» (Canto XXII).

As únicas escalas nesta viagem serão os signos luminosos do Zodíaco:
«Leitor, não consegues pôr o dedo no fogo e retirá-lo tão rapidamente quanto eu demoro para chegar ao signo do Touro» (Canto XXII).

«Quando o calor não consegue temperar o frio da Lua, mas tendo na véspera secado os rios e vencido pelo calor da Terra e de Saturno; quando, à hora em que os geomantes observam a dispersão das estrelas e que é a mais propícia para o nascer do Oriente, antes da aurora...» (Canto XIX).

A geomancia é uma ciência baseada na astrologia e é usada pelos astrólogos. A chamada «disposição mais propícia» é «Fortuna Major», a grande fortuna: o aspecto favorável do Sol que nasce no Oriente. Dante é geomante e astrólogo e deste modo serve-se de uma linguagem tradicional:

«O Sol já tinha chegado ao horizonte de Jerusalém e a noite, sempre oposta a este astro, saía das águas... acompanhada pelo signo da Balança, que cai da sua mão quando a noite é maior que o dia...».

Dante recusa o fatalismo e a sua concepção da astrologia é serena:
«Todos possuímos uma vontade indestrutível se a usarmos logo nos primeiros combates que libertam influências celestes; esta vontade vencerá se soubermos recorrer à sabedoria. Mas apesar de sermos livres, estamos submetidos a uma força superior e a uma natureza mais elevada...» (Canto XVI).

A dualidade de Gémeos é bem notória na sua obra: o contraste entre o bem e o mal ou entre o inferno e o paraíso; a viagem em companhia de um guia; o amor duplo partilhado com Beatriz e a eternidade. A sua viagem é metafísica:

«...Assim como duas rodas obedecem à mesma acção, também o meu pensamento e a minha vontade estão de comum acordo, transportadas pelo amor sagrado que põe em movimento o Sol e as outras estrelas».

*

No mapa astral de Dante encontramos a conjunção de Saturno e de Mercúrio (sinal de profunda espiritualidade). No de Alberto Dürer, o maior pintor da Idade Média juntamente com Rembrandt, há uma conjunção Sol-Saturno (geralmente muito dolorosa) que ilustra perfeitamente a grandeza destes astros e a

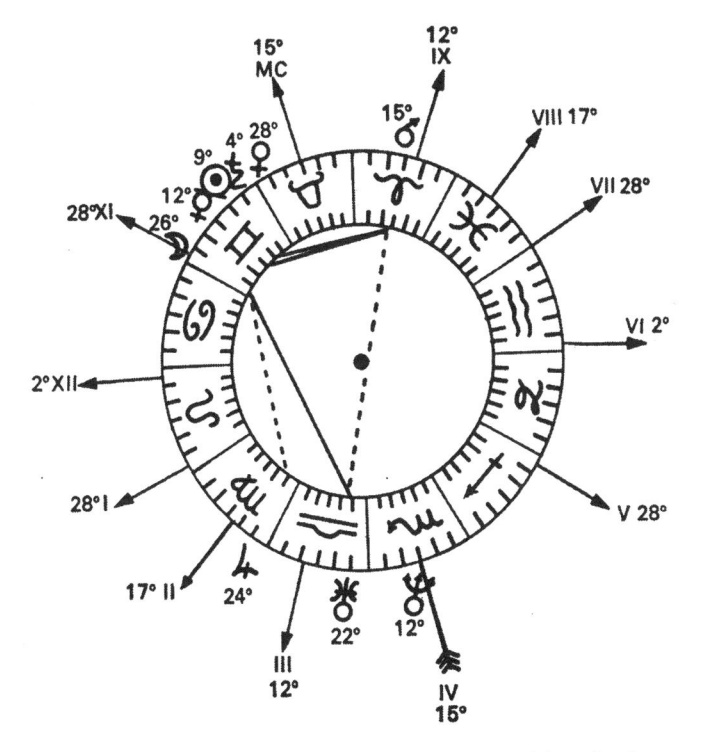

Fig. 13 - Alberto Dürer (1471-1528) - Exemplo de uma tripla conjunção Sol-Saturno-Mercúrio em Gémeos, que aqui representa a grafite (Saturno/Gémeos) ao serviço da vontade (o Sol) e da inteligência (Mercúrio), no sentido de um profetismo militante oculto (aspectos favoráveis do sextil com Marte dignificado na casa IX).

união de uma força militante e apaixonada; tem ainda um sextil com Marte em dignidade em Carneiro, na casa IX (a casa das capacidades mentais, o que dá origem a uma obra poderosa).

A obra de Alberto Dürer é também oculta. Desde há muito que se sabe que são muito significativos os símbolos alquímicos de *A Melancolia* e outros dispersos pela produção gráfica de Dürer. Aliás, os diversos estudiosos da obra do mestre de Nuremberga são unânimes neste aspecto, como aliás o demonstra bem a sua carta astral: tem Neptuno angular em Escorpião, uma conjunção Sol-Saturno na casa X (regente do ascendente Leão) e a dignidade do regente na casa IX (que rege o ocultismo e a filosofia).

Em 1498 surge em Nuremberga o *Apocalipse de S. João*, ilustrado por «Alberto Dürer, pintor», numa edição bilingue alemão-latim. É interessante assinalar a opinião de Erasmo:

«Não conseguiu Dürer representar as alturas e os precipícios, a natureza, as paixões e os afectos humanos e até a própria linguagem, recorrendo apenas à monocromia, às linhas negras simples, às sombras e ao fulgor da luz? E sempre com uma fidelidade e uma verosimilhança tais que, se quiséssemos acrescentar cor a estas linhas tracejadas com tanta arte, apenas estragaríamos a obra do artista.»

O *Apocalipse* é um livro profético sobre o fim da era de Kali[3] (a era moderna) e corresponde a esta poderosa casa IX do artista: Marte dignificado em Carneiro oposto a Úrano em Balança na casa III. Será necessário acrescentar que S. João era astrólogo e que o *Apocalipse* só é decifrável — e datado com precisão — apenas pelo conhecimento perfeito da astrologia? Assim, os sete trovões que o texto evoca correspondem aos sete planetas tradicionais:

---

[3] Recorde-se que na era de Kali o touro sagrado que sustém o mundo possui apenas um pé. Este símbolo ilustra o desequilíbrio que ameaça tudo devido ao não cumprimento das leis naturais.

«Vi depois um outro anjo, forte e poderoso, que descia do céu, envolto em nuvens e com um arco-íris na cabeça. O seu rosto era como o Sol e os pés como colunas de fogo.
Tinha na mão um pequeno livro aberto. Pôs o pé direito sobre o mar e o esquerdo sobre a terra.
E gritou com voz ribombante tal-qual o leão que ruge, e após ter gritado fizeram-se ouvir sete trovões. Eu ia escrever depois de os sete trovões terem retumbado, mas ouvi uma voz do céu que me disse: "Guarda as palavras dos sete trovões e nunca as escrevas".
Então o anjo que eu tinha visto de pé sobre o mar e a terra levantou a mão para o céu...»

(Apocalipse de S. João)

*

Apresentamos de seguida o mapa astral de Filipe II de Espanha, um outro nativo de Gémeos, a fim de demonstrarmos como as posições planetárias dependem da «casa» em que se encontram. Não iremos analisar este mapa detalhadamente, pois precisaríamos de mais de uma centena de páginas, que apenas interessariam aos estudantes de astrologia, mas diremos algumas palavras de modo a que todos os espíritos desprevenidos entendam que a astrologia é complexa e límpida.

Filipe II nasceu em Valladolid, na Península Ibérica, em 21 de Maio de 1527, filho e herdeiro de Carlos V. Foi baptizado no dia 5 de Julho pelo arcebispo de Toledo, assistido pelos bispos de Palência e Osma.

Aos doze anos morre-lhe a mãe de uma congestão pulmonar (Lua na casa IV, em quadratura com Marte em Escorpião). A 13 de Novembro de 1543 — tem apenas dezasseis anos e meio — celebra o seu casamento com Maria de Portugal, a cuja cerimónia comparece totalmente vestido de branco: fivelas dos sapatos e meias, calções, gibão, colarinho, touca de seda com bordados de brocado prateado e jóias do mesmo metal. Têm um filho a 8 de Julho de 1545 mas a 12 do mesmo mês morre-lhe a esposa (dois anos e meio de casamento apenas), sangrada até à morte pelos médicos depois de um parto difícil e de uma pneumonia aguda. Saturno na casa VII e em queda em Carneiro castigará duramente as suas sucessivas uniões (a casa VII é a do casamento).

A 6 de Janeiro de 1554 o conde de Egmont casa por procuração com a rainha de Inglaterra, Maria Tudor, de modo a isolar a França. E se nascesse uma criança, a potência espanhola dominaria o mundo. Mas a união não dá filhos e a segunda esposa de Filipe morre a 17 de Novembro de 1558. A sua terceira mulher será a bela jovem Isabel de Valois, filha de Henrique II de França.

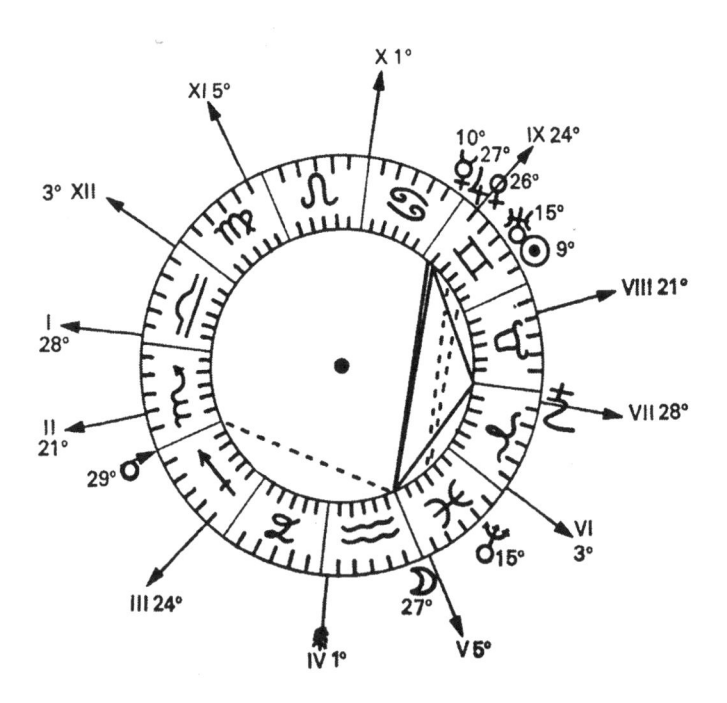

Fig. 14 - Filipe II de Espanha - Mapa astral de um «Gémeos» que revela a importância da casa VIII, fortemente ocupada.

A herança portuguesa (a importância da casa VIII, da morte e das heranças) e a perda da "Armada Invencível" vão limitar o seu reinado. Em 1568 Filipe sofre duas provações cruéis: fica viúvo pela terceira vez e perde também o seu único filho. Voltaria a casar pela quarta vez, em Novembro de 1570, com a grã-duquesa Ana da Áustria.

Filipe II era dissimulado, desconfiado e hesitante (Saturno está em queda solar), mas sempre bafejado com as melhores oportunidades: consegue neutralizar o vencedor do Levante quando este está no auge do seu sucesso; detém o avanço de Alexandre Farnèse em plena campanha vitoriosa pelos Países Baixos e não permite que as suas tropas continuem a avançar sobre uma Paris desarmada e à sua mercê.

Aos Gémeos juntam-se as influências da casa VIII e o receio do fracasso por causa de Saturno em queda e em posição de angularidade. Três planetas estão na casa IX (casa do estrangeiro mas também dos problemas religiosos), e assim temos a «Inquisição» sobre as crenças e o comportamento dos indivíduos.

A casa VIII é a da sexualidade e da morte, na qual o Sol está numa antinomia que purifica o seu brilho. Sobre isso diz-nos Ludwig Pfandl (Filipe II, 1942), um dos seus biógrafos mas que nada sabe de astrologia:

«O segundo dos três domínios da vida psicológica de Filipe II é o seu comportamento perante os mortos. O Escurial tornou-se no domicílio dos membros vivos e dos defuntos da soberana casa hispano-habsburga. Filipe II assumiu como dever sagrado esse conjunto de desgostos, de transladação e vigília dos corpos dos seus mortos... Mandou vir de todos os cantos do país uma vintena de antepassados defuntos da casa de Avis e prepara-lhes uma sepultura digna e verdadeiramente régia no convento de Belém. É graças à adoração e ao culto dos mortos de Filipe que a casa real portuguesa possui um panteão familiar digno de ser comparado à sepultura do Escurial.

Esta intensidade única pelo culto dos mortos prolonga-se por mais de seis séculos de dinastias espanholas...»

Aos olhos do astrólogo, esta profunda nevrose está associada à forte ocupação da casa VIII pelo Sol e Úrano. Até se poderia dizer que, com estas posições planetárias, Filipe II procurava o fracasso. O maior reino da cristandade morreria com ele.

O nosso último exemplo é o de Raul Dufy, pintor fortemente influenciado por Gémeos, o que é visível sobretudo na abundância de pequenas pinceladas de cor. A presença de um ascendente Caranguejo e da Lua (que rege este ascendente) em Peixes – dois signos de água – evoca o mar; aliás, Dufy pintou vários quadros de regatas.

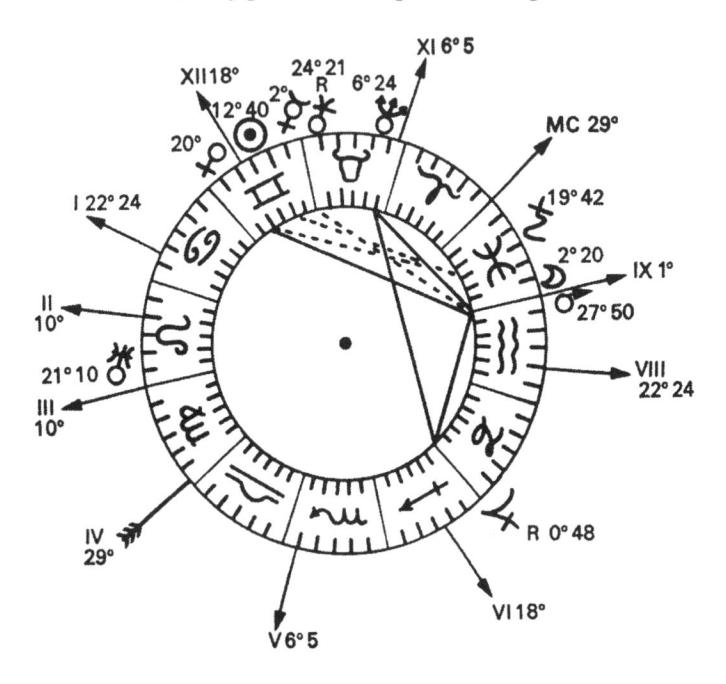

Fig. 15 - Raul Dufy - Exemplo de um mapa astral que destaca os valores da casa XII (as provações e o inconsciente) e revela uma criação plástica tipicamente Gémeos (mercuriana).

Teve um fim de vida difícil devido a uma artrite múltipla crónica, uma doença caracterizada por articulações inflamadas e que origina dores e deformações. Na verdade, com Júpiter em queda na casa VI em Capricórnio, o diagnóstico mais correcto seria uma xantamatose, pois Júpiter influencia um alto teor de colesterol (o colesterol é um fermento do suco pancreático capaz de neutralizar os ácidos libertados pelo colesterol biliar no decurso da digestão intestinal; na astrologia, estes sucos orgânicos são regidos por Júpiter). Neste mapa astral, o astro está mal situado, em queda e em debilidade.

Dufy chegou a tentar a cura nos Estados Unidos, um país influenciado por Gémeos. Mas a Lua (regente do número 1 na casa IX, o estrangeiro) está em quadratura com Mercúrio e revela assim o fracasso do tratamento à base de cortisona (aliás, segundo os dados da sua carta astral, esse tratamento levaria ao envenenamento total do seu corpo).

Mas resta-nos sempre a obra do criador, que neste caso nos transporta para a outra margem do rio profundo, de barco, de comboio, por meio de bandeiras hasteadas ou arriadas, através de pares abraçados, de cavalos ou regatas, sob a aparente e enganadora facilidade dos Gémeos.

Conclusão

> «*Todas as vicissitudes da nossa vida são materiais úteis para muitas coisas, tudo se apresenta como o primeiro membro de uma série infinita, o começo de um romance infinito.*»
>
> Novalis

Numa obra magistral sobre Balzac (que, recorde-se, se dedicou ao problema da astrologia), Ernst-Robert Curtius[1] fala-nos do magismo, que foi um dos talentos do grande romancista. Para ele, o Universo inteiro estava animado por forças e tudo estava envolto num fluxo perpétuo.

Cabe precisamente ao pensamento empreender este movimento e à vontade dominá-lo. Este poder solar reside em todos os regentes, que se tornam forças dominadas que ajudam os outros a realizarem-se.

Tudo o que existe deve a sua origem a uma explosão única que gerou mudanças perpétuas. Daí resultou necessariamente uma grande afinidade entre as coisas. Unidade e totalidade: é esta a lei do mundo.

Diz-nos Curtius que «*...O ser humano é um pequeno universo e o Universo é um grande ser humano. Apesar de esta visão do Universo ser muito diferente e variada na sua expressão, é porém sempre idêntica a si própria durante a história espiritual da humanidade. Ao começo balbucia perante obscuros enigmas e por vezes desaparece, como se a tivéssemos abandonado, mas reaparece modificada sob uma forma mais compreensível, mas no fundo inalterada. É a constante espiritual da humanidade, que deve ser incorporada na*

---

[1] Curtius, *Balzac* (1933).

essência do homem e na essência do universo. Como a devemos chamar? Pode seguir desvios filosóficos, e no entanto não é filosofia pura. Pode dar a ver-se nos mitos e nos mistérios, e no entanto não é religião pura. Pode exprimir-se através da arte e da poesia, e no entanto não é pura imaginação. Existe nas teorias da física, da química e da biologia, e no entanto não é uma ciência. É tudo ao mesmo tempo, mas a sua origem é mais profunda e a sua raiz é única. É uma forma do espírito, um modo de ver as coisas, uma forma partilhada por toda a humanidade... Se quisermos, podemos chamar-lhe a doutrina do Universo Uno. E sobrevive a todas as filosofias, religiões e sistemas. É eterna e indestrutível.»

A astrologia é composta desta herança incorpórea. Assim, se por qualquer milagre um astrólogo egípcio ou caldeu se encontrasse com um astrólogo tradicional, todos se entenderiam. No fim de contas, a astrologia é uma participação individual na grande obra colectiva que é o Cosmos. Como sempre o ensinou e ensinará o esoterismo, trata-se de esquecer os nossos limites para nos unirmos à totalidade harmoniosa das coisas criadas. Todos os caminhos luminosos nos conduzem a uma única estrada: à contemplação de si próprio a fim de encontrar o centro do Todo. Deve-se procurar a concentração e a imobilidade e evitar a dispersão e a fuga — pelo dinheiro, sexualidade, sentimentos, sedução ou poder ilusório sobre a matéria. Aquele que permanece imóvel vai mais longe. Aquele que recusa a agitação agirá de modo mais persistente. Aquele que recusa o dinheiro será mais rico.

Na realidade, nesta estrada já não há mais aceitação ou recusa. As grandes paixões do nosso destino colocam-nos no centro de um turbilhão, mas virá no entanto o momento em que devemos atravessar o abismo e regressar à margem. Existe sempre o perigo de o barco virar, corroído pela dúvida, pela morte ou por qualquer outra ferida amarga, e aqueles que apertávamos contra o peito (os seres que amávamos) naufragarão para longe e desaparecerão sem nós. Os maiores sacrifícios são sempre os que fazem apelo a forças que nos são exteriores mas que, se habitarem as nossas almas, contribuirão para a nossa saúde: são elas o amor, a fé, o sangue. Para o astrólogo, são forças que nos aproximam cada vez mais da fonte da vida que é calma, pureza, sensibilidade e paz.

Não é por acaso que estas são as características que mais faltam à nossa sociedade. A nossa civilização moderna só se interroga hoje em termos de quantidade, dado que está aprisionada entre a massa e a velocidade, obrigada como Caim ou os amantes malditos de Baudelaire a caminhar até ao crepúsculo da noite.

O astrólogo interessa-se forçosamente pela história e também reflecte sobre o destino dos indivíduos e das colectividades, sobre o crescimento da economia e da sociedade. Qualquer associação[2] estranha à astrologia acaba por utilizar a mesma linguagem do Cosmos, desde que integre estas noções numa dinâmica de acção.

«Nada, em parte alguma, cresce indefinidamente. Se há crescimento, também há declínio, e isto aplica-se a todos os ciclos e sistemas vitais (ao corpo humano, às florestas e oceanos ou às espécies com as suas lutas internas). Há sempre forças ou acontecimentos que, por sua vez, levam à decadência do que cresceu, enquanto se apresentam novas emergências num movimento contínuo de adaptação mútua e de ajustamento ao ambiente. Esta dinâmica e restabelecimento perpétuos do equilíbrio são o segredo e a causa da evolução, e fora disso há somente ruína e a imobilidade da morte.»

Os cientistas mais lúcidos, como Oppenheimer ou Einstein – dois cientistas que várias vezes proclamaram a sua fé na astrologia —, sublinharam já a importância das próximas décadas e a necessidade de controlarmos a tecnologia, que não deve ser encarada como a única fé da nossa sociedade apenas porque

---

[2] O Clube de Roma, presidido por Aurelio Peccel, reúne desde 1968 homens de negócios de vários países. É citado por Gérard Morice em *Ciência e Vida*, de Junho de 1972: «Cavamos a nossa sepultura por avidez económica.»

responde à ambição. Por isso insistimos nas possibilidades da astrologia. A maior parte dos males que ameaçam e devastam o nosso planeta devem-se ao desrespeito das leis naturais e à recusa de uma atitude de adoração e de humilde sujeição ao Cosmos. Esta atitude esteve presente em todas as civilizações tradicionais e é simbolizada pelos laços entre o homem e o seu Criador.

Não falaremos aqui dos imorais disfarces comerciais da astrologia ou do charlatanismo que frequentemente a infecta; assim como há uma ciência materialista ou uma medicina desencaminhada, também há uma astrologia que se desviou de Deus. Mas se a astrologia é necessária ao nível colectivo, é-o ainda mais ao nível individual, pois ajuda a dominar os problemas quotidianos que se colocam ao homem e à mulher. Só ela permite alcançar uma verdadeira «liberdade».

Nietzsche foi um dos grandes profetas deste mundo construído sobre a morte de Deus, mas não a justificou em nenhum momento. Profetizou que o mundo actual iria morrer porque tinha cometido este «assassínio». Para além do mal e do bem, Nietzsche escreveu que «a cega submissão a uma emoção (seja ela generosa, piedosa ou odiosa) é a causa do pior dos males. A grandeza de carácter não consiste em evitar passar por estas emoções mas, pelo contrário, em senti-las no seu grau mais terrível; mas é preciso dominá-las... Mesmo que não queiramos dominá-las, simplesmente porque assim deve ser...»

Libertarmo-nos das emoções e da sua subjugação não significa recusar a caridade, bem pelo contrário. Mas passa por este «porque assim deve ser...», no qual o génio de Nietzsche meteu todo um mundo, o mundo que devemos deixar para trás de nós para todo o sempre.

A última palavra da astrologia é a recusa em sobrecarregar o homem com mais fardos e permitir-lhe libertar-se dos pesos que já suporta. Ir ao encontro da astrologia é viajar com ela e acompanhá-la é caminhar em direcção à estrela que desde a aurora – a hora dourada – brilha no nosso nascimento e fulgura no nosso destino. Esta estrela brilha docemente na noite, do outro lado dos abismos e das sepulturas....

ÍNDICE

Prefácio 11

Primeira Parte
Introdução à astrologia

1. *A astrologia, reflexo da vida e do universo*........ 21
   A linguagem da astrologia: a luz 24
   O ilimitado: campo de experiência da astrologia 25

2. *Breve história da astrologia* 27
   A Caldeia.................................. 30
   Roma e a Idade Média....................... 34
   A astrologia actual.......................... 39

3. *As bases da astrologia* 43
   a) O círculo 43
   b) O Sol................................... 46
   c) A direcção 50

4. *Os signos do Zodíaco. A roda cósmica*............ 55
   Os signos do Zodíaco 60

5. *Os astros: o seu significado astrológico*........... 109
   Recapitulação dos signos zodiacais............... 109
   Os planetas trans-saturnianos 119

6. *As «casas». O seu significado astrológico* 125

Segunda Parte
Uma primeira «exploração» astrológica sem cálculos

1. *O ascendente. Método de pesquisa rápida. O seu significado astrológico* 139
   Breve indicação do significado dos signos ascendentes   140

2. *A tradição e o «motor imóvel»* 153

3. *O mapa astrológico: reflexo do nosso papel no Universo e das relações recíprocas entre microcosmos e macrocosmos*   161
   Relação entre ascendente e signo solar   162

Terceira Parte
Diálogo entre a astrologia e a vida

Diálogo entre a astrologia e a vida.   183
   A personalidade.   183
   O amor. . . . .   •189
   A vida profissional.   191
   O destino   193
   A sexualidade   194
   Diálogo entre a astrologia e a vida   197

Conclusão   209

Composto e paginado por
Gráfica 96, Lda.
Coimbra

Impressão e acabamento
da
AMAGRAF - Artes Gráficas, Lda.
para
EDIÇÕES 70, Lda.
em Julho de 1997